S0-BNT-863

PARIS

HOTELS & MORE

PARIS

HOTELS & MORE

Angelika Taschen

Photos Vincent Knapp

TASCHEN

HONG KONG KÖLN LONDON LOS ANGELES MADRID PARIS TOKYO

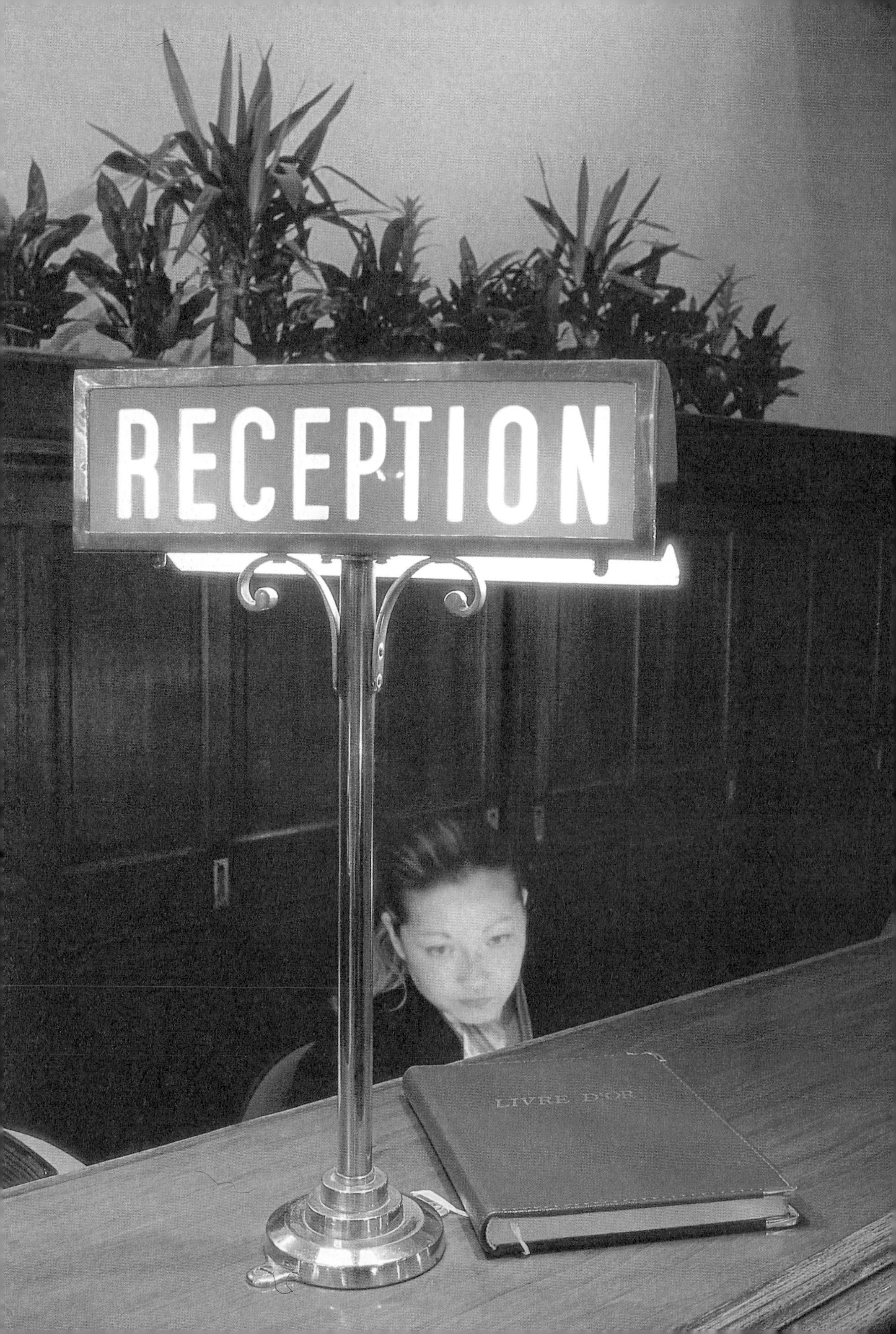
RECEPTION
LIVRE D'OR

Contents | Inhalt | Sommaire

This book is intended to help you enjoy every minute of your time in beautiful Paris. Out of the city's thousands of hotels, restaurants, museums and shops, I have chosen only those places that best capture its character and atmosphere. Those, like most of us, with only a few days in the city have no desire to waste time or money on mediocre bistros or anonymous, run-of-the-mill hotels on the outskirts. The usual guides always contain too much information and too few photos. Just to read them would fill an entire holiday – and often the reader is none the wiser afterwards as there are hardly any illustrations to help him decide whether something is interesting or tends to leave him cold.

Atmosphere and location and not necessarily luxury were the decisive factors in the choice of hotels. If the room starts to feel too small – something not uncommon in Paris, where even suites are often reminiscent of shoe cartons – it is time for a trip to one of the cafés recommended or for some sightseeing.

In the case of the five-star hotels, I

Dieses Buch möchte Ihnen helfen, im schönen Paris ausschließlich wunderschöne Erlebnisse zu haben. Deshalb habe ich aus zigtausenden Hotels, Restaurants, Museen und Geschäften nur die Orte ausgewählt, die den Charakter und die Atmosphäre der Stadt besonders prägnant widerspiegeln.

Wer wie die meisten von uns nur ein paar Tage Zeit hat, möchte weder Geld noch Zeit in mittelmäßigen Bistros oder anonymen Massenhotels am Stadtrand verschwenden. Die üblichen Reiseführer haben aber immer zu viele Informationen und zu wenig Bilder. Allein für das Lesen müsste man sich Urlaub nehmen – und hinterher ist man oft nicht schlauer, weil es kaum Abbildungen gibt, anhand derer man entscheiden kann, ob einen eine Sache interessiert oder doch eher kalt lässt.

Bei der Auswahl der Hotels waren Atmosphäre und Lage entscheidend, nicht unbedingt der Komfort. Wem sein Zimmer zu eng wird – was in Paris sehr leicht passiert, da hier selbst Suiten oft an Schuhschachteln erinnern –, sollte in eines der empfohlenen Cafés wechseln

Le présent livre a été conçu pour que votre séjour à Paris soit vraiment réussi. C'est la raison pour laquelle, après avoir visité d'innombrables hôtels, restaurants, musées et boutiques, je n'ai choisi que les endroits qui reflètent particulièrement bien le caractère de la ville et son atmosphère.

La plupart d'entre nous ne disposent que de quelques jours de congé et ne veulent gaspiller ni leur argent ni leur temps dans des bistros médiocres ou des hôtels sans âme à la périphérie de la ville. Mais les guides ont souvent trop d'informations et pas assez d'images. Il faudrait prendre des vacances rien que pour les lire – et après on n'est pas plus avancé, vu qu'il n'y a guère d'illustrations sur lesquelles on pourrait s'appuyer pour décider si quelque chose nous intéresse vraiment ou non.

Les hôtels ont été sélectionnés en raison de leur emplacement et de leur ambiance, le confort n'étant pas déterminant. Celui qui trouve sa chambre trop exiguë – ce qui peut arriver aisément à Paris où les suites ont souvent la taille de cartons à

have based my decisions on criteria such as atmosphere and interesting guests. The degree of perfection of the business centre or the gym tended to take second place. After all, who wants to spend their time in Paris on a Stepmaster? It should not be forgotten that these hotels often have such good rates in the low season and at weekends that the guest actually pays only the price of a three-star hotel. The best way to find out about special rates is to go to the website of the individual hotel.

Of course, Paris is the city of love, but it is also the city of fashion, perfume, chocolate, champagne and oysters. So do not be surprised by the wealth of shops that I recommend. After all, such luxury brands as Hermès, Cartier, Chanel and Louis Vuitton have their origins in Paris. What influenced my choice was whether the shop told something of the city's history. For example, I have not showcased the Chanel store on Avenue Montaigne, but the one in rue Cambon, as this is where Coco Chanel had her first studio and created the little black dress.

oder sich eine Sehenswürdigkeit anschauen.

Bei den Fünf-Sterne-Hotels habe ich nach Kriterien wie Stimmung und Art der Gäste entschieden. Wie perfekt das Business Center oder der Gym ausgestattet ist, war eher zweitrangig, denn wer möchte seine Zeit in Paris schon auf einem Stepmaster vergeuden? Zu beachten ist, dass diese Hotels in der Nebensaison und an Wochenenden oft so günstige Angebote haben, dass der Gast nur den Preis eines Drei-Sterne-Hotels bezahlt. Die Spartarife erfährt man am besten auf der Website des jeweiligen Hotels.

Sicher ist Paris die Stadt der Liebe – aber genauso der Mode, des Parfums, der Schokolade, des Champagners und der Austern. Deshalb wundern Sie sich bitte nicht, dass ich Ihnen so viele Geschäfte empfehle, schließlich sind hier Luxusmarken wie Hermès, Cartier, Chanel und Louis Vuitton entstanden. Bei der Auswahl war mir wichtig, dass die Läden etwas von der Geschichte der Stadt erzählen. So stelle ich nicht den Chanel-Store an der Avenue Montaigne vor, sondern den in

chapeaux – devrait aller faire un tour dans un des cafés recommandés ou visiter les endroits pittoresques qui abondent.

Dans le cas des hôtels cinq étoiles, je me suis orientée vers des critères tels que l'ambiance et la présence de gens intéressants. L'équipement du business center ou du club de gym est plutôt secondaire, car qui veut passer son temps sur un stepper alors qu'il se trouve à Paris ? On notera que ces hôtels proposent si souvent des tarifs intéressants à l'arrière-saison et le week-end, que le client ne paie que le prix d'un trois-étoiles. Pour se renseigner sur les promotions, il suffit de consulter la page Web de l'hôtel désiré.

Paris est la ville de l'amour, c'est bien connu, mais aussi celle de la mode, des parfums, des chocolats, du champagne et des huîtres. Vous serez peut-être étonnés de vous voir conseiller tant de magasins, mais n'oublions pas que les grandes marques comme Hermès, Cartier, Chanel et Louis Vuitton sont nées ici. J'ai veillé en choisissant les adresses à ce que les magasins nous parlent aussi du passé. C'est pour-

Flagship stores of foreign companies such as Armani are mentioned only in passing. One of the exceptions is the perfume shop of Comme des Garçons, as the Paris shop is the only one.

I have left out the obvious attractions, such as the Louvre, the Centre Pompidou, the Musée d'Orsay, the Eiffel Tower and Sacré-Cœur, and prefer to take you to the haunts of connoisseurs, such as the Musée Rodin, the Musée Cluny or the Fondation Le Corbusier. Although my particular interest is in contemporary art, beholding the huge waterlilies painting by Monet at the Orangerie never loses its fascination. Some of the restaurants are worth a visit if only because they breathe so much history – places where Sartre, Hemingway, James Joyce or Picasso used to eat, places still in original Art-Déco or Directoire style. Sometimes the guest is best advised just to order a simple steak frites in order to avoid culinary disappointment. But, of course, I have also recommended restaurants with Michelin stars. You may notice that I have included plenty of establish-

der rue Cambon, denn hier hatte Coco Chanel ihr erstes Atelier und erfand das Kleine Schwarze. Flagship-Stores ausländischer Firmen wie Armani kommen nur am Rande vor. Eine Ausnahme ist zum Beispiel der Parfumladen von Comme des Garçons, denn den gibt es weltweit nur in Paris.

Auf sattsam bekannte Sehenswürdigkeiten wie Louvre, Centre Pompidou, Musée d'Orsay, Eiffelturm und Sacré-Cœur habe ich verzichtet. Lieber führe ich Sie zu Liebhaberadressen wie das Musée Rodin, das Musée Cluny oder die Fondation Le Corbusier. Obwohl ich mich vor allem für zeitgenössische Kunst interessiere, ist es immer wieder ein Erlebnis, die riesigen Seerosengemälde von Monet in der Orangerie anzuschauen.

Bei den Restaurants lohnen einige schon deshalb, weil sie so viel Geschichte atmen. Sartre, Hemingway, James Joyce und Picasso haben hier gegessen, und die Einrichtung ist originaler Art-déco- oder Directoire-Stil. Manchmal ist der Gast gut beraten, nur ein einfaches Steak Frites zu bestellen, um beim Essen keine Enttäuschung zu erleben. Aber na-

quoi je ne présente pas la boutique Chanel de l'avenue Montaigne, mais celle de la rue Cambon qui a abrité le premier atelier de Coco Chanel, géniale créatrice de l'incontournable petite robe noire. Les magasins phares de sociétés étrangères comme Armani n'apparaissent qu'en marge, encore qu'il y ait une exception, Comme des Garçons parfums, qui n'a pignon sur rue qu'à Paris. Inutile de présenter le Louvre, le Centre Pompidou, le Musée d'Orsay, la Tour Eiffel et le Sacré-Cœur. Je préfère vous indiquer les adresses des amateurs avertis, celle du Musée Rodin, du Musée Cluny ou de la Fondation Le Corbusier. Et puis j'ai beau m'intéresser surtout à l'art contemporain, les immenses Nymphéas de Monet à l'Orangerie me donnent toujours un coup au cœur. En ce qui concerne les restaurants, certains valent le déplacement rien que pour les personnalités qu'ils ont vu passer – Sartre, Hemingway et Picasso –, et pour leur ameublement pur Art Déco ou Directoire. Parfois il vaut mieux commander un simple steak-frites pour éviter les déceptions, mais je nomme évi-

ments that serve healthy, vegetarian food. As I travel a great deal, it is always a pleasure to find dishes prepared using fresh organic produce from the region and salad dressing that does not come out of a bottle. Use the additional lines provided to make notes of your very own Paris discoveries so that you have everything to hand on your next trip. Reading the discoveries and adventures of ten years previously always brings back fond memories.

Je vous souhaite des moments inoubliables à Paris.

Sincerely

türlich empfehle ich auch Restaurants mit Michelin-Sternen. Es wird Ihnen vielleicht auffallen, dass ich viele Restaurants vorstelle, die gesundes und vegetarisches Essen anbieten. Da ich viel reise, freue ich mich jedes Mal, wenn das Essen aus frischen biologischen Produkten der Region zubereitet wird und das Salatdressing nicht aus der Flasche kommt.
Ihre ganz eigenen Paris-Entdeckungen notieren Sie am besten auf den dafür vorbereiteten Zeilen, sodass Sie bei Ihrem nächsten Trip gleich alles zur Hand haben. Das Lesen der Entdeckungen und Abenteuer, die man vor zehn Jahren gemacht hat, führt einem vieles wieder vor Augen.

Je vous souhaite des moments inoubliables à Paris.

Ihre

demment aussi des établissements étoilés Michelin. Vous remarquerez peut-être que je présente de nombreux restaurants qui proposent une cuisine végétarienne. Voyageant beaucoup, je suis toujours heureuse de me voir offrir des plats préparés avec des produits bio de la région et un dressing qui ne sort pas tout droit d'une bouteille.
Quelques lignes ont été laissées vierges pour que vous y notiez vos trouvailles – vous aurez ainsi tout sous la main lors de votre prochain séjour. Rien de tel pour rêver que de relire le récit des aventures arrivées il y a dix ans et des découvertes faites à ces occasions.

Je vous souhaite des moments inoubliables à Paris.

Votre

Angelika Taschen

1er

Arrondissement

1 Jewellery/Schmuck/Bijoux
Cartier

2 Fashion/Mode/Mode
Chanel

3 Tearoom/Teesalon/Salon de thé
Ladurée

4 Fashion/Mode/Mode
Hermès

5 Fashion/Mode/Mode
Comme des Garçons

6 Restaurant/Restaurant/Restaurant
Market

1 Concept Store/Concept-Store/Concept Store
Colette

2 Perfumes/Parfum/Parfums
Comme des Garçons Parfums

3 Chocolate/Schokolade/Chocolaterie
La Boutique Michel Cluizel

4 Ceramic/Keramik/Céramique
Astier de Villatte

5 Vintage Fashion/Vintage Mode/Mode du vintage
Didier Ludot

6 Fashion/Mode/Mode
Maison Martin Margiela

7 Restaurant/Restaurant/Restaurant
Le Grand Véfour

8 Restaurant/Restaurant/Restaurant
Restaurant du Palais Royal

9 Shoes/Schuhe/Chaussures
Pierre Hardy

10 Library/Bibliothek/Bibliothèque
Bibliothèque Nationale de France Richelieu

11 Tearoom/Teesalon/Salon de thé
À Priori Thé

12 Restaurant/Restaurant/Restaurant
Chartier

1 Museum/Museum/Musée
Musée de l'Orangerie

2 Museum/Museum/Musée
Musée de la Mode et du Textile

3 Museum shop/Museumsshop/Boutique du musée
Les Arts Décoratifs

4 Café/Café/Café
Café Marly

5 Tearoom/Teesalon/Salon de thé
Cador

6 Bridge/Brücke/Pont
Pont des Arts

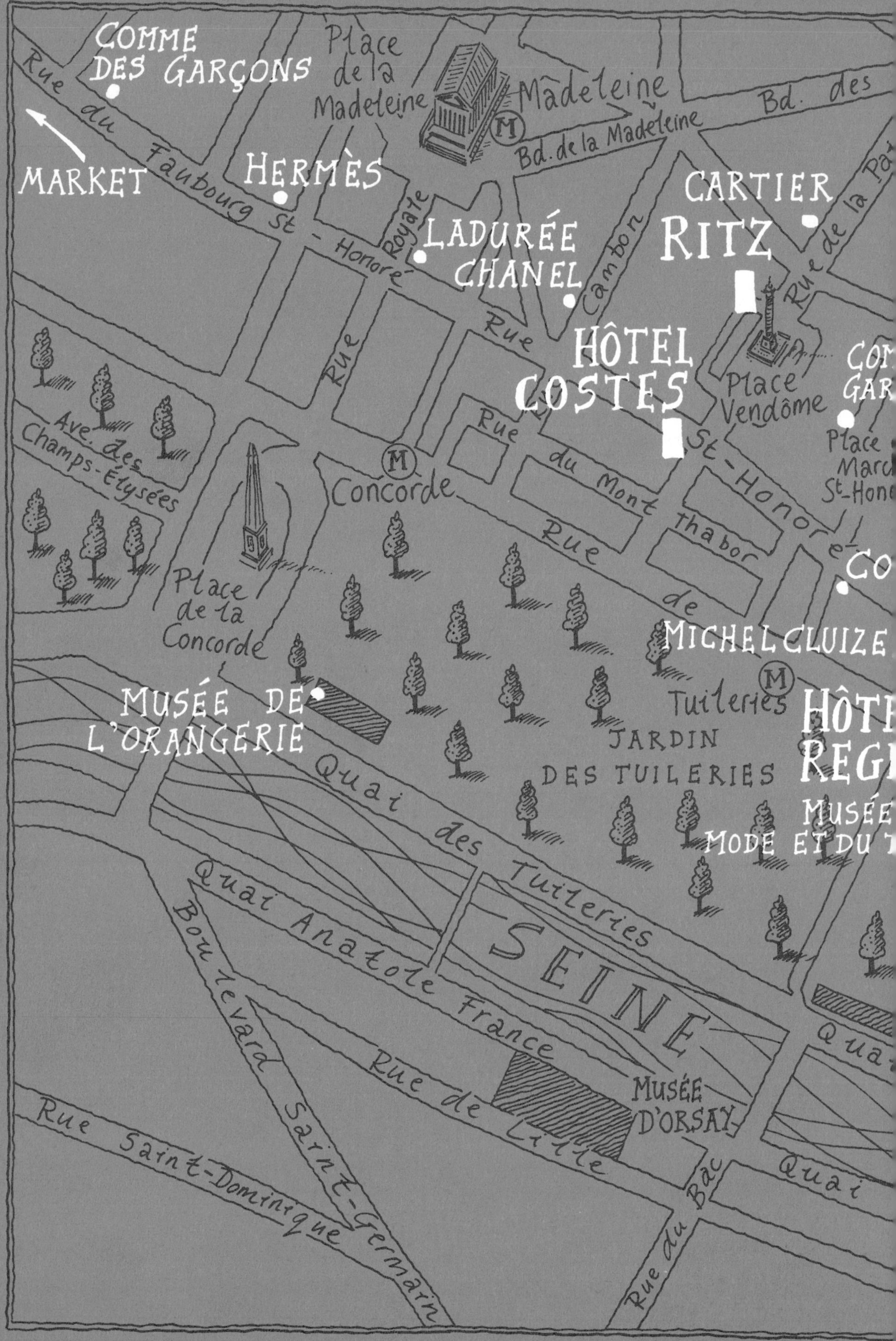

COMME
DES GARÇONS

Place
de la
Madeleine

Madeleine

Bd. des

Bd. de la Madeleine

MARKET

Rue du Faubourg St - Honoré

HERMÈS

CARTIER

RITZ

Rue de la Pa

Royale

LADURÉE
CHANEL

Cambon

HÔTEL
COSTES

Rue

Place
Vendôme

COM
GAR

Place
Marc
St-Hono

St - Honoré

Ave. des
Champs-Élysées

Rue

M
Concorde

Rue

du Mont thabor

Rue

de

CO

MICHEL CLUIZE

Place
de la
Concorde

Tuileries

M

HÔT
REG

MUSÉE DE
L'ORANGERIE

JARDIN
DES TUILERIES

MUSÉE
MODE ET DU T

Quai des Tuileries

SEINE

Quai Anatole France

Quai

Boulevard Saint-Germain

Rue de Lille

MUSÉE
D'ORSAY

Quai

Rue Saint-Dominique

Rue du Bac

Quai

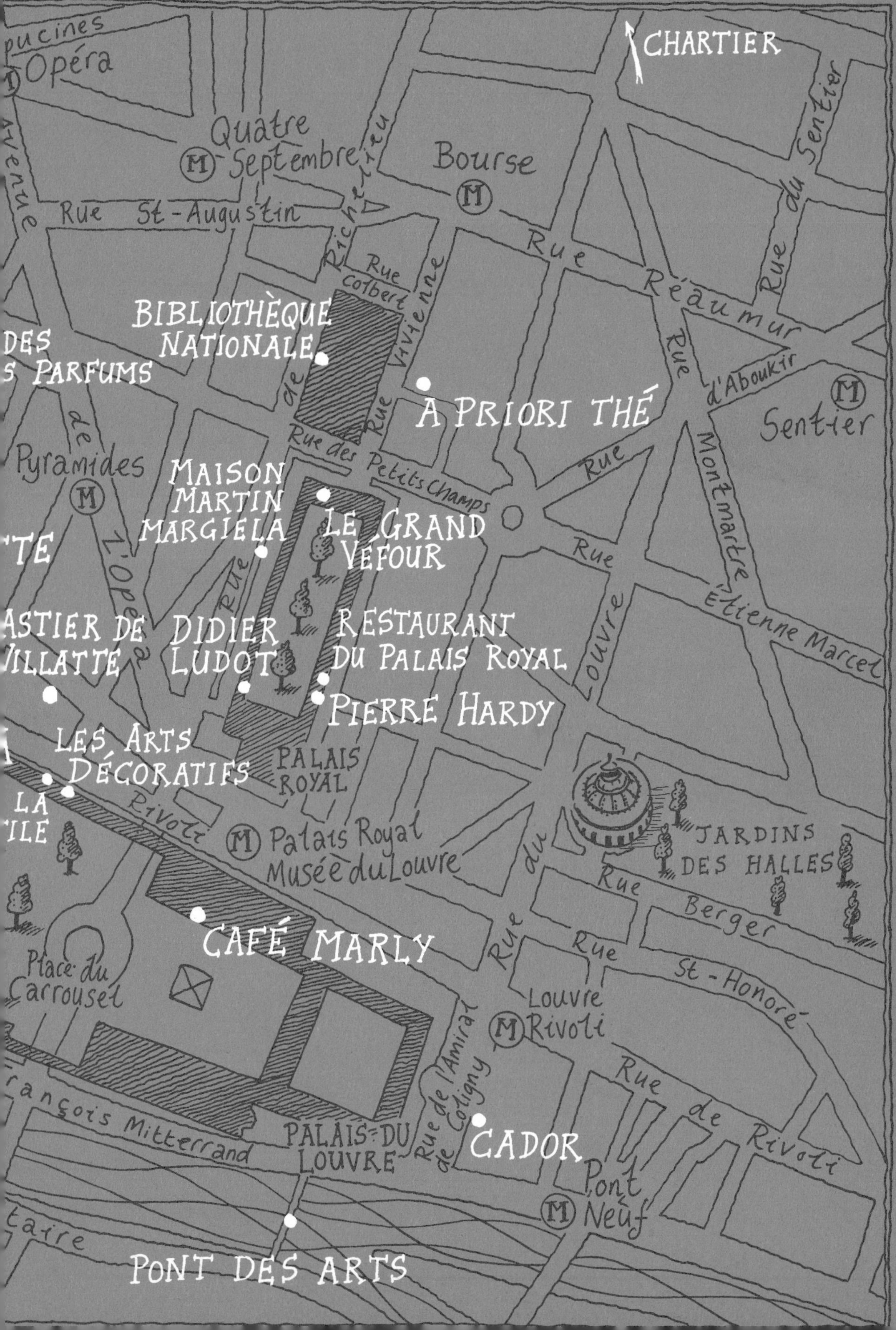

CHARTIER

pucines
Opéra

Quatre
(M) Septembre
Rue St-Augustin

Bourse
(M)

Rue Réaumur

Rue du Sentier

Richelieu

Rue Colbert

Rue Vivienne

BIBLIOTHÈQUE
NATIONALE

DES
S PARFUMS

À PRIORI THÉ

Rue d'Aboukir

(M) Sentier

de

Pyramides
(M)

Rue des Petits Champs

Rue

Rue Montmartre

MAISON
MARTIN
MARGIELA

de l'Opéra

Rue

LE GRAND
VÉFOUR

Rue Étienne Marcel

Rue

'TE

ASTIER DE
VILLATTE

DIDIER
LUDOT

RESTAURANT
DU PALAIS ROYAL

Rue du Louvre

LES ARTS
DÉCORATIFS

PIERRE HARDY

PALAIS
ROYAL

LA
ILE

Rivoli

(M) Palais Royal
Musée du Louvre

JARDINS
DES HALLES

Rue du

Rue Berger

CAFÉ MARLY

Rue

Rue

Rue St-Honoré

Place du
Carrousel

Louvre
(M) Rivoli

François Mitterrand

Rue de l'Amiral Cotigny

Louvre

Rue de Rivoli

PALAIS DU
LOUVRE

CADOR

Pont
Neuf

aire

Pont
(M) Neuf

PONT DES ARTS

Hôtel Ritz

15, Place Vendôme, 75001 Paris
☎ +33 1 43 16 30 30   ☐ + 33 1 43 16 45 38/39
resa@ritzparis.com
www.ritzparis.com
Métro: Tuileries/Opéra
Booking: www.great-escapes-hotels.com

Hôtel Ritz

On 1 June 1898 César Ritz opened this magnificent building at elegant Place Vendôme, whose octagonal shape inspired the form for the classic Chanel watch. It was the first luxury hotel in the world, as every room had its own private bathroom. Even today we can see that César Ritz was a lover of women and personally attended to each accessory. Bathrobes and lampshades are still apricot (a colour to flatter the skin), there is the fragrance of flowers everywhere, and there is an almost invisible hook for handbags on the restaurant chairs. Greta Garbo, Audrey Hepburn and Coco Chanel loved the French-feminine charm of the Ritz, and the present owner takes care to ensure that the opulent glamour remains genuine, even after redecoration. Yet another reason to stop off at the Ritz is the small Hemingway Bar. It used to be the author's favourite place ("When I dream of afterlife in heaven, the action always takes place at the Ritz"), and here you'll find the best barkeepers in the world.

Dieser Prachtbau an der eleganten Place Vendôme wurde am 1. Juni 1898 von César Ritz eröffnet und war das erste Luxushotel der Welt, denn jedes Zimmer hatte sein eigenes Bad. Dass César Ritz ein Frauenliebhaber war und sich persönlich um jedes Detail kümmerte, sieht man noch heute: So sind Bademäntel und Lampenschirme wie damals in Apricot (dem Teint schmeichelnd) gehalten, überall duften Blumen, und an den Stühlen im Restaurant sind fast unsichtbare Haken für die Handtasche angebracht. Den feminin-französischen Charme des Ritz liebten Greta Garbo, Audrey Hepburn und Coco Chanel; der jetzige Besitzer achtet darauf, dass der opulente, ursprüngliche Glamour auch nach Renovierungen nicht verloren geht. Ein weiterer Grund, im Ritz zu verweilen, ist die kleine Bar Hemingway. Sie war einst der Lieblingsplatz des Autors („Wenn ich von einem späteren Leben im Himmel träume, spielt sich immer alles im Ritz ab") und ist heute der Arbeitsplatz der besten Barkeeper der Welt.

Situé sur l'élégante Place Vendôme à laquelle les montres Chanel doivent leur forme octogonale, ce premier hôtel de luxe du monde a été inauguré le 1er juin 1898 par César Ritz. Chaque chambre y avait sa propre salle de bains. César Ritz aimait les femmes et veillait personnellement sur chaque détail. Aujourd'hui encore les sorties de bain et les abat-jours ont conservé leur teinte abricot si flatteuse pour le teint, partout les fleurs exhalent leur parfum, et les chaises du restaurant sont munies de crochets presque invisibles pour suspendre les sacs à main. Greta Garbo, Audrey Hepburn et Coco Chanel adoraient le charme bien français du Ritz. Le nouveau propriétaire veille à ce que les opulents décors glamour ne pâtissent pas des rénovations. Le petit Bar Hemingway est une autre bonne raison de séjourner au Ritz. Célébré par l'écrivain américain – « Chaque fois que je rêve de l'au-delà, je me retrouve au Ritz » –, il est aujourd'hui le lieu de travail des meilleurs barmans du monde.

Rates: Single and double rooms from 680 €; suites from 900 €; breakfast from 35 €. There are many packages on offer, some of them less expensive.
Rooms: 106 rooms; 56 suites.
Restaurants: The Restaurant L'Espadon boasts one of the finest trompe l'œuil ceilings in Paris. Business lunch is served in the Bar Vendôme and well-mixed cocktails are taken in the Hemingway Bar.
History: A legend among the luxury hotels in the city for over 100 years.

Preise: Einzel-/Doppelzimmer ab 680 €, Suite ab 900 €, Frühstück ab 35 €. Es werden zahlreiche, z. T. preiswertere Packages auf der Webseite angeboten.
Zimmer: 106 Zimmer und 56 Suiten.
Restaurants: Das Restaurant L'Espadon hat eine der schönsten Trompe l'œuil-Decken von Paris. Business-Lunch wird in der Bar Vendôme serviert, und einen raffiniert gemixten Cocktail trinkt man in der Bar Hemingway.
Geschichte: Eine Legende unter den Luxushotels der Stadt – seit mehr als 100 Jahren.

Prix : Chambre simple ou double à partir de 680 €, suite à partir de 900 €, petit-déjeuner 35 €. De nombreuses offres spéciales, en partie plus abordables.
Chambres : 106 chambres et 56 suites.
Restauration : Le restaurant L'Espadon a les plus beaux plafonds en trompe-l'œil de Paris. Le Bar Vendôme est idéal pour les déjeuners d'affaires, le Bar Hemingway pour déguster un cocktail.
Histoire : Une réputation légendaire depuis plus d'un siècle.

1

2

3

1 Jewellery/Schmuck/Bijoux

Cartier

13, rue de la Paix
75002 Paris
Tel: +33 1 58 18 23 00
www.cartier.com
Métro: Opéra

Cartier is a symbol of French luxury. Over 100 years ago, in 1899, the company's first boutique was opened at this address and re-opened in December 2005 after refurbishing. Even if you do not buy anything, you should at least pretend to be Audrey Hepburn and admire the window display of this jeweller's, which is just as famous world-wide as Tiffany's. However, the three-part ring "Trinity" is an absolutely classic ring that you will wear forever and so comparatively affordable. What is more, Mathilde Laurent creates individual fragrances for the discerning customer. She is one of the most sought-after perfumers in the world.

Cartier ist ein Sinnbild des französischen Luxus. An dieser vornehmen Adresse wurde vor über 100 Jahren 1899 die erste Boutique des Labels eröffnet und im Dezember 2005 nach Renovierung wieder eröffnet. Auch wenn man hier nichts kauft, sollte man beim neben Tiffany's berühmtesten Juwelier der Welt zumindest à la Audrey Hepburn die Schaufensterauslagen bewundern. Obwohl: Der dreiteilige Ring „Trinity" ist ein absoluter Klassiker, den man sein Leben lang trägt, und im Verhältnis sogar erschwinglich. Außerdem kreiert hier Mathilde Laurent für anspruchsvolle Kunden persönliche Düfte, sie ist eine der gefragtesten Parfumeurinnen der Welt.

Cartier est un symbole du luxe français. Il y a plus d'un siècle, en 1899 exactement, la première boutique ouvrait ses portes dans la prestigieuse rue de la Paix. Après fermeture pour des travaux de rénovation, elle fut rouverte en décembre 2005. Devant les vitrines du plus célèbre joailler au monde avec Tiffany's, rien ne nous empêche de nous sentir comme Audrey Hepburn et d'admirer sans acheter. Et pourtant, la bague « Trinity », composée de trois an-

neaux, est un classique que l'on portera toute sa vie et dont le prix est donc abordable, toutes proportions gardées. C'est ici par ailleurs que Mathilde Laurent, l'un des plus grands parfumeurs, crée ses senteurs pour clients exigeants.

2 Fashion/Mode/Mode

Chanel

29–31, rue Cambon
75001 Paris
Tel: +33 1 42 86 26 00
www.chanel.com
Métro: Concorde/Madeleine

In 1910 the French milliner, Gabrielle Chanel, opened her first shop at this address: Chanel Modes. As Coco Chanel she invented the little black dress and became a legend with the perfume "Chanel No. 5", launched in 1921. The shop and the three rooms opposite in rue Cambon are still today the headquarters of the Chanel empire, which is now run by Karl Lagerfeld.

An dieser Adresse eröffnete 1910 die französische Hutmacherin Gabrielle Chanel ihren ersten Laden: Chanel Modes. Als Coco Chanel erfand sie das Kleine Schwarze und wurde mit dem Parfum „Chanel No. 5", das sie 1921 lancierte, zur Legende. Der Laden und die darüber liegenden Räume in der rue Cambon sind noch heute Stammsitz des Imperiums Chanel, über das inzwischen Karl Lagerfeld herrscht.

C'est à cette adresse que la modiste française Gabrielle Chanel ouvrit sa boutique Chanel Modes en 1910. Sous le nom de Coco Chanel, elle créa sa fameuse petite robe noire et entra dans la légende avec son parfum « N° 5 » lancé en 1921. La boutique de la rue Cambon et les pièces situées à l'étage sont aujourd'hui encore le siège de l'empire Chanel sur lequel règne maintenant Karl Lagerfeld.

3 Tearoom/Teesalon/Salon de thé

Ladurée

16, rue Royale
75008 Paris

Tel: +33 1 42 60 21 79
www.laduree.fr
Métro: Concorde/Madeleine

This was one of the first tearooms in Paris, a place where a woman could go alone, as opposed to cafés, and the interior has remained unchanged since 1862. The charming room is in unadulterated Empire style, and is worth a visit just to feel how life was in the old days. You may become addicted to the many different-flavoured home-made macaroons, and they are a delightful little present. Eat them freshly baked. After a cup of tea, on with the shopping trip – Gucci is waiting for you on the other side of the street, then Hermès, YSL, not to forget Stéphane Kélian.

Dies war einer der ersten Teesalons in Paris (den man, im Gegensatz zu Cafés, einst als Frau alleine besuchen konnte) und das Interieur ist seit 1862 unverändert. Der zauberhafte Raum in reinstem Empire selbst ist ein Erlebnis und lässt alte Zeiten wieder aufleben. Die selbst gemachten Makronen in zahlreichen Aromen machen süchtig – sie sind zudem ein wunderbares Mitbringsel, man sollte sie nur ganz frisch essen. Nach einer Tasse Tee kann der Einkaufsbummel weitergehen; gleich gegenüber wartet Gucci, gefolgt von Hermès, YSL und Stéphane Kélian.

L'un des premiers salons de thé parisiens (qu'une femme pouvait fréquenter jadis, contrairement aux cafés), son intérieur n'a pas changé depuis 1862. La magnifique salle dans le style Second Empire vaut le coup d'œil et transporte le consommateur dans le passé. Il est difficile de résister aux macarons faits maison. Existant en plusieurs parfums, ils constituent un délicieux cadeau, mais doivent être dégustés le plus tôt possible. Après une tasse de thé, le shopping peut continuer puisque Gucci se trouve en face, suivi de Hermès, YSL et de Stéphane Kélian.

4 Fashion/Mode/Mode

Hermès

24, rue du Faubourg St-Honoré
75008 Paris

4

5

6

Tel: +33 1 40 17 47 17
www.hermes.com
Métro: Concorde/Madeleine

The house of Hermès rose to fame with its saddles, which were once delivered to all the courts in Europe. The company opened its first business at this location in rue du Faubourg St-Honoré in 1878. Hermès articles have become a cult and the shop displays its world famous range here, from silk scarves to Kelly and Birkin bags, and even dog collars. You can expect the highest of quality – a Hermès scarf or belt is forever.

Berühmt wurde das Haus Hermès durch seine Pferdesattel, die einst an alle Höfe Europas geliefert wurden. An dieser Stelle der rue du Faubourg St-Honoré eröffnete das Unternehmen 1878 sein erstes Geschäft. Heute ist Hermès Kult und bietet hier sein weltbekanntes Sortiment an – vom Seidentuch über die Kelly oder Birkin Bag bis zum Hundehalsband. Allerhöchste Qualität ist selbstverständlich – ein Hermès-Tuch oder einen Gürtel kauft man fürs Leben.

La maison Hermès devint célèbre grâce à sa selle de cheval livrée jadis à toutes les cours d'Europe. C'est à cet endroit de la rue du Faubourg St-Honoré que l'entreprise ouvrit son premier magasin en 1878. De nos jours, Hermès continue d'y vendre ses produits connus dans le monde entier, du carré en soie au collier pour chien, en passant par le sac Kelly ou Birkin. Un foulard ou une ceinture Hermès est quelque chose qui s'achète pour la vie.

5   Fashion/Mode/Mode

Comme des Garçons
54, rue du Faubourg St-Honoré
75008 Paris
Tel: +33 1 53 30 27 27
Métro: Concorde/Madeleine

Only a small doorbell gives an indication of the presence of the shop in the courtyard, where Rei Kawabuko has set up one of the most unusual boutiques on rue du Faubourg St-Honoré. In an uncomplicated environment, she presents her avant-garde

designs for the Japanese fashion label (for men and women). An insider tip and an unconventional alternative to all the French boutiques in the neighbourhood.

Nur ein kleines Klingelschild weist auf den Laden im Hinterhof, in dem Rei Kawabuko eine der ungewöhnlichsten Boutiquen entlang der rue Faubourg St-Honoré eingerichtet hat. Hier präsentiert sie in schlichter Umgebung ihre avantgardistischen Entwürfe für das japanische Modelabel (für Männer und Frauen). Ein Tipp für Insider und eine unkonventionelle Abwechslung zu all den französischen Boutiquen in der Nachbarschaft.

Dans la rue du Faubourg St-Honoré, seule une petite sonnette indique le magasin situé dans l'arrière-cour, où Rei Kawabuko a aménagé son extraordinaire boutique. Dans un cadre sobre, la styliste présente ses créations avant-gardistes pour la marque japonaise (mode féminine et masculine). Bonne adresse pour les initiés, dont le non-conformisme nous change des boutiques du voisinage.

6   Restaurant/Restaurant/Restaurant

Market
15, Avenue Matignon
75008 Paris
Tel: +33 1 56 43 40 90
www.jean-georges.com
Métro: Franklin Roosevelt

Elegant and absolutely en vogue. Market belongs to Jean-Georges Vongerichten, who runs a dozen or more fashionable venues throughout the world, including Vong in New York. Christian Liaigre has designed the room very stylishly with lots of wood and stone, and the cuisine served here is very distinctive. The proprietor's own tip is the poisson cru (raw fish), for example, sea bream in olive oil. Open daily.

Elegant und absolut „en vogue". Das Market gehört Jean-Georges Vongerichten, der noch ein gutes Dutzend weiterer - Restaurants in aller Welt betreibt, darunter das Vong in New York. Hier in Paris hat Christian Liaigre den Raum sehr chic mit

viel Holz und Stein ausgestattet, dazu wird eine aromatische Küche serviert. Tipp des Besitzers ist der „poisson cru", der rohe Fisch, zum Beispiel Dorade mit Olivenöl. Täglich geöffnet.

Élegant et absolument « en vogue », le Market appartient à Jean-Georges Vongerichten, qui possède également une bonne douzaine d'établissements dans le monde entier, dont le Vong à New York. Ici à Paris, c'est Christian Liaigre qui s'est chargé de la décoration en faisant abondamment appel au bois et à la pierre. Très chic, le Market sert une cuisine aromatique. Le propriétaire nous recommande son poisson cru, une dorade par exemple avec un filet d'huile d'olive. Ouvert tous les jours.

Personal Finds/Eigene Entdeckungen/
Découvertes personnelles:

_____

_____

_____

_____

_____

_____

_____

_____

_____

_____

_____

_____

_____

Hôtel Costes

239, rue St-Honoré
☎ +33 1 42 44 50 00   +33 1 4 42 44 50 01
remarks@hotelcostes.com
www.hotelcostes.com
Métro: Tuileries
Booking: www.great-escapes-hotels.com

Jean-Louis Costes became famous world-wide when he opened the Café Costes, designed by Philippe Starck, in Les Halles in 1984 and it became the meeting point for tout Paris. His Café Marly at the Louvre followed, and finally he converted the antiquated France et Choiseul Hôtel into Hôtel Costes. The classic Parisian building is located directly on elegant rue Saint-Honoré, and was opulently furnished by Jacques Garcia. The whole hotel has the air of a high-class brothel, with deep armchairs and curtains of heavy velvet, all in black, crimson and mauve tones. The dimly-lit interior is rounded off with the scent of specially designed candles and the Costes lounge music. The Hôtel Costes with its popular bar and courtyard restaurant is a meeting place for the beautiful people. However, the rooms are so dimly lit that they are not really suitable if you plan to work in Paris, but are perfect for a romantic weekend. The hotel spa is especially attractive with its 18-meter long pool, exclusively for hotel guests.

Weltweit bekannt wurde Jean-Louis Costes, als er 1984 das von Philippe Starck gestaltete Café Costes in Les Halles eröffnete und es zum Treffpunkt von „tout Paris" wurde. Es folgte sein Café Marly am Louvre, und schließlich verwandelte er das antiquierte „France et Choiseul Hôtel" ins Hôtel Costes. Der klassisch Pariser Altbau wurde von Jacques Garcia opulent eingerichtet. Das ganze Hotel wirkt wie ein elegantes Bordell mit üppigen Polstermöbeln und Vorhängen aus schwerem Samt, alles in Schwarz, Dunkelrot- und Lilatönen. Abgerundet wird das schummrige Interieur vom Duft eigens kreierter Kerzen und der Costes-Lounge-Musik. Das Hôtel Costes ist mit seiner beliebten Bar und dem Innenhof-Restaurant ein Treffpunkt der Modeszene. Allerdings sind die Zimmer so düster, dass sie sich nur bedingt zum Arbeiten eignen, aber für ein Liebeswochenende perfekt sind. Besonders schön ist das hauseigene Spa mit seinem 18-Meter-Pool, der ausschließlich von den Hotelgästen genutzt werden darf.

Jean-Louis Costes s'est fait un nom en ouvrant en 1984 aux Halles le Café Costes – ce lieu décoré par Philippe Starck a été le plus branché de la décennie. Son Café Marly, au Louvre, est devenu lui aussi un endroit tendance et, en 1997, il a transformé le « France et Choiseul Hôtel » tombé en désuétude en Hôtel Costes. Le magnifique bâtiment situé dans la rue Saint-Honoré a été décoré par Jacques Garcia. Ses meubles capitonnés de velours épais pourpre, violet et noir lui donnent l'air d'un somptueux lupanar, impression que renforcent les lumières tamisées, le parfum enivrant des bougies créées spécialement pour l'hôtel et la musique d'ambiance. Avec son bar très prisé et son restaurant dans l'atrium, il est surtout le rendez-vous des gens de la mode pendant les week-ends. Les chambres sont si sombres qu'on ne peut guère y travailler, mais elles sont parfaites pour ceux qui désirent passer un week-end romantique. Le spa de l'hôtel offre une piscine de 18 m réservée aux clients de l'hôtel.

Rates: Single rooms from 350 €; double rooms from 400 €, breakfast from 30 €.
Rooms: 78 rooms; 3 suites; 1 apartment.
Restaurants: The restaurant serves delicious light meals at lunch time and in the evening - the bar is worth a visit in the evening simply because of the clientele.
History: Opened in 1997 and since then one of the most popular hotels in Paris. And something special: there are two TASCHEN books in every room, personally chosen by the owner.

Preise: Einzelzimmer ab 350 €, Doppelzimmer ab 400 €, Frühstück 30 €.
Zimmer: 78 Zimmer, 3 Suiten und 1 Apartment.
Restaurants: Im Restaurant gibt es sowohl zum Lunch als auch abends köstliche leichte Gerichte, die Bar ist abends schon wegen des Publikums ein Besuch wert.
Geschichte: 1997 eröffnet und seitdem eines der beliebtesten Hotels in Paris. Besonders erfreulich ist, dass in jedem Zimmer zwei vom Besitzer persönlich ausgesuchte Bücher von TASCHEN liegen.

Prix : Chambre simple à partir de 350 €, chambre double à partir de 400 €, petit-déjeuner 30 €.
Chambres : 78 chambres, 3 suites, 1 appartement.
Restauration : Le restaurant offre le midi et le soir des plats légers et exquis ; le bar vaut la visite le soir, ne serait-ce que pour regarder le public.
Histoire : Ouvert en 1997, c'est l'un des hôtels les plus prisés de Paris. Détail réjouissant : chaque chambre abrite deux livres de TASCHEN personnellement sélectionnés par le propriétaire.

1

2

3

1 Concept Store/Concept-Store/
   Concept Store

Colette

213, rue St-Honoré
75001 Paris
Tel: +33 1 55 35 33 90
www.colette.fr
Métro: Tuileries

The pioneer concept store: three floors
of hand-picked fashion, design, books,
cosmetics, electronic equipment, a photo
gallery and a water bar in the basement,
where vegetarian snacks are also served.
Shoulder to shoulder with such well-estab-
lished brands as Jil Sander, Prada and
Dries van Noten, you can find smaller and
younger labels, such as Haider Ackerman
or Lutz & Patmos. There are new and
interesting international publications on
the bookshelves.

Der Concept Store der ersten Stunde: drei
Etagen mit handverlesener Mode, Design,
Büchern, Kosmetik, Elektronik, einer Foto-
galerie und einer Wasser-Bar im Untergeschoss (dort werden auch vegetarische
Snacks serviert). Neben etablierten Marken
wie Jil Sander, Prada und Dries van Noten
sind auch kleinere und jüngere Label
vertreten – zum Beispiel Haider Ackerman
oder Lutz & Patmos. Auf den Büchertischen
liegen interessante internationale Neuer-
scheinungen.

Concept Store de la première heure :
mode, design, livres, produits de beauté,
électronique, une galerie photo sur trois
étages et un bar à eau au sous-sol (où l'on
sert aussi des snacks végétariens). À côté
de marques comme Jil Sander, Prada et
Dries van Noten, on y trouve aussi des
labels plus jeunes et plus récents – par
exemple Haider Ackerman ou Lutz &
Patmos. Sur les tables à livres s'empilent
de nouvelles parutions internationales
dignes d'intérêt.

2 Perfumes/Parfum/Parfums

Comme des Garçons Parfums

23, Place du Marché St-Honoré
75001 Paris
Tel: +33 1 47 03 15 03
Métro: Tuileries/Pyramides

The London architect's office Future
Systems designed the pink façade. Rei
Kawabuko chose Paris as the sole location
in the world for her perfume shop. It is
worth having a sniff of the unusual fragrances for men. I especially love the per-
fumed candles myself, which are named
after five holy towns: Jaisalmer, Zagorsk,
Tokyo, Avignon and Quarzazate. Yet another
special gift.

Die pinkfarbene Fassade wurde vom
Londoner Architekturbüro Future Systems
entworfen. Rei Kawabuko wählte Paris
als einzigen Ort der Welt für ihren Parfumladen. Die ausgefallenen Duftnoten für
Männer sind ein Schnuppern wert. Ich
selbst liebe vor allem die Duftkerzen, die
nach fünf heiligen Städten benannt sind:
Jaisalmer, Zagorsk, Tokyo, Avignon und
Quarzazate, auch immer wieder ein besonderes Geschenk.

La façade rose bonbon a été dessinée par
le cabinet d'architectes londoniens Future
Systems. Rei Kawabuko a choisi Paris
comme seul endroit au monde pour sa
parfumerie. Très originales, les senteurs
pour homme valent qu'on s'y arrête un
moment. Pour ma part, j'aime surtout les
bougies odorantes nommées d'après cinq
villes saintes : Jaisalmer, Zagorsk, Tokyo,
Avignon et Ouarzazate. C'est toujours un
cadeau qui sort de l'ordinaire.

3 Chocolate/Schokolade/Chocolaterie

La Boutique Michel Cluizel

201, rue St-Honoré
75001 Paris
Tel: +33 1 42 44 11 66
www.laboutiquemichelcluizel.com
Métro: Tuileries/Pyramides

Michel Cluizel has been manufacturing
chocolate since 1948 and today exports
to gourmet shops throughout the whole
world. In his Paris shop, chocolate even
flows from a copper fountain, its inimitable
smell tempting the customer to make
umpteen purchases. The orange or coffee
flavoured dark chocolate are just two of
the best variations, always fresh, always of
the highest quality and packed in elegant
black paper.

Michel Cluizel produziert seit 1948 Schokolade und exportiert sie heute in Delikatessenläden auf der ganzen Welt. In
seinem Pariser Geschäft gibt es sogar einen
Kupferbrunnen, aus dem Schokolade
fließt – sein unvergleichlicher Duft verführt
zu zahlreichen Einkäufen. Zu den besten
Variationen der in edles schwarzes Papier
verpackten Sorten gehören die dunkle
Schokolade mit Orangen- und Kaffeearo-
ma, immer ganz frisch und in allerhöchster
Qualität.

Chocolatier depuis 1948, Michel Cluizel
exporte ses produits dans le monde entier.
Dans sa boutique parisienne se trouve
même une fontaine en cuivre remplie de
chocolat dont l'incomparable parfum incite
à une débauche d'achats. Parmi les
meilleures variations des tablettes de
chocolat enveloppées dans un élégant
papier noir, n'oublions surtout pas de citer
le chocolat noir aux écorces d'orange et
le chocolat noir au café. Tous les produits
sont très frais et de grande qualité.

4 Ceramic/Keramik/Céramique

Astier de Villatte

173, rue St-Honoré
75001 Paris
Tel: +33 1 42 60 74 13
www.astierdevillatte.com
Métro: Palais Royal Musée du Louvre

Astier de Villatte sells extremely beautiful
decorative ceramic. Everything is glazed
white, with uneven surfaces and irregular
forms. The ceramic has a unique, almost
indescribable appeal, bearing not the
faintest resemblance to rustic pottery. It's
also worth having a look at the very original website.

Astier de Villatte verkauft wunderschöne,
dekorative Keramik. Alle Stücke sind weiß
lasiert und haben unebene Oberflächen
und unregelmäßige Formen, sie haben

4

5

6

eine ganz eigene, kaum zu beschreibende Note – mit bäuerlicher Töpferware haben sie jedenfalls nichts zu tun. Die originelle Website ist ebenfalls einen Besuch wert.

Astier de Villatte vend de merveilleuses céramiques décoratives. Toutes les pièces sont recouvertes d'un glacis blanc et présentent une surface irrégulière – elles n'ont rien à voir avec la poterie rustique traditionnelle. Le site Web et ses cartes de tarot vaut également la visite.

---

5   Vintage Fashion/Vintage Mode/
     Mode du vintage

Didier Ludot

Jardin du Palais Royal
20–24, Galerie Montpensier
75001 Paris
Tel/Fax: +33 1 42 96 06 56
www.didierludot.com
Métro: Palais Royal Musée du Louvre

Both of Didier Ludot's boutiques in the Palais Royal are institutions in the fashion metropolis Paris. They are considered living archives of haute couture. This is where internationally successful models come when they are in town on a visit. In the first shop you can buy haute couture designs from the complete 20th century, e.g., by Dior, Courrèges, Balenciaga and Cardin – and next door the accessories, be it a Hermès bag, a Pucci scarf or Chanel jewellery.

Die beiden Boutiquen von Didier Ludot im Palais Royal sind Institutionen in der Mode-Metropole Paris. Sie gelten als lebende Archive der Haute Couture – hierher kommen auch die international erfolgreichen Models, wenn sie zu Schauen in der Stadt sind. Im ersten Laden kann man Haute-Couture-Modelle aus dem gesamten 20. Jahrhundert kaufen (z. B. von Dior, Courrèges, Balenciaga und Cardin) und gleich nebenan Accessoires – von Hermès-Taschen über Pucci-Schals bis zu Chanel-Schmuck.

Les deux boutiques de Didier Ludot au Palais Royal sont des institutions dans la métropole de la mode qu'est Paris. Elles

sont des archives vivantes de la Haute Couture – c'est ici que viennent aussi les top-modèles internationaux, lorsqu'elles font des défilés en ville. La première boutique offre des modèles de la Haute-Couture du 20e siècle (par exemple de Dior, Courrèges, Balenciaga et Cardin). Juste à côté on trouve les accessoires – des sacs Hermès aux bijoux Chanel en passant par les écharpes de Pucci.

---

6   Fashion/Mode/Mode

Maison Martin Margiela

25 bis, rue de Montpensier
75001 Paris
Tel: +33 1 40 15 07 55
www.maisonmartinmargiela.com
Métro: Palais Royal Musée du Louvre

The Belgian fashion designer based in Paris would like to remain anonymous and never appears in public. His white, unnamed label is printed with an encircled number from 0 to 23 and serves as a secret code, only evident from outside through four large stitches at the corners. In a day and age where narcissistic star designers love the limelight, where the fashion world is obsessed with designer logos, his boutique is a refreshing change from the standard Paris fashion.

Der belgische Modeschöpfer mit Sitz in Paris möchte anonym bleiben, er tritt öffentlich nicht in Erscheinung. Sein weißes namenloses Label ist mit umkreisten Zahlen von 0 bis 23 bedruckt und funktioniert wie ein Art Geheimcode, von außen nur sichtbar durch vier grobe Stiche an den Ecken. In einer Zeit, in der sich Stardesigner selbstverliebt inszenieren und sich die Modewelt derart logo-verliebt präsentiert, ist seine Boutique eine willkommene Abwechslung zur üblichen Pariser Mode.

Le styliste belge, installé à Paris, désire rester anonyme, il ne paraît pas en public. Son label blanc, dépourvu de nom, est imprimé de chiffres encerclés allant de 0 à 23 et ressemblant à un code secret, visible seulement de l'extérieur par quatre gros points de couture sur les côtés. À une

époque où certains grands stylistes amoureux de leur personne font tout pour se mettre en scène et où le monde de la mode est si entiché des marques, cette boutique est un changement bienvenu au reste de la mode parisienne.

Personal Finds/Eigene Entdeckungen/
Découvertes personnelles:

_____

_____

_____

_____

_____

_____

_____

_____

_____

_____

_____

_____

_____

_____

_____

_____

7

8

9

---

7   Restaurant/Restaurant/Restaurant

Le Grand Véfour
17, rue de Beaujolais
75001 Paris
Tel: +33 1 42 96 56 27
www.relaischateaux.com/vefour
Métro: Palais Royal Musée du Louvre

The restaurant is situated next to the very pretty Palais Royal gardens. Its magnificent rooms with their cardinal-red banquettes, gold-framed mirrors, and details in unadulterated directoire style are among the most beautiful in the city and are even listed for preservation. Worth a visit not least because of the interior and the location. Closed on Friday evening, Saturday and Sunday.

Das Restaurant liegt an den wunderschönen Gärten des Palais Royal. Seine prachtvollen Räume mit kardinalroten Sitzbänken, goldumrahmten Spiegeln und Details im reinen Directoire Stil gehören zu den schönsten Interieurs der Stadt und stehen sogar unter Denkmalschutz. Schon wegen der Lage und des Interieurs lohnt ein Besuch. Freitag Abend, Samstag und Sonntag geschlossen.

Le restaurant est situé dans les merveilleux jardins du Palais Royal. Ses salles somptueuses – banquettes rouge cardinal, miroirs aux cadres dorés et détails du plus pur style Directoire – sont au nombre des plus beaux intérieurs de la ville et même classées site protégé. Mais sa cuisine remarquable mérite aussi d'être mentionnée – d'ailleurs le restaurant est membre des Relais & Châteaux, c'est tout dire. Fermé le vendredi soir, le samedi soir et le dimanche.

---

8   Restaurant/Restaurant/Restaurant

Restaurant du Palais Royal
Jardins du Palais Royal
110, Galerie de Valois
75001 Paris
Tel: +33 1 40 20 00 27
www.restaurantdupalaisroyal.com
Métro: Palais Royal Musée du Louvre

The restaurant's main attraction is its location and the very pretty terrace facing the gardens of the Palais Royal. In the warm season, you can sit directly beneath the apartment where the Parisian writer Colette lived. In winter, you can admire photos of her in the inside rooms decorated in red. The Restaurant du Palais Royal is one of the favourite restaurants of the employees of the Ministry of Culture and of the journalists from Le Figaro. Open daily.

Die Hauptattraktion des Restaurants ist seine Lage mit einer Terrasse zu den wunderschönen Gärten des Palais Royal. In der warmen Jahreszeit sitzt man direkt unter dem Fenster der Wohnung, in der die Pariser Schriftstellerin Colette lebte – im Winter bewundert man Fotos von ihr in den rot dekorierten Innenräumen. Das Restaurant du Palais Royal gehört zu den Stammlokalen der Angestellten des Kulturministeriums und der Journalisten des Le Figaro. Täglich geöffnet.

L'attrait majeur du restaurant est sa terrasse magnifique située dans les jardins du Palais Royal. Lorsque la température le permet on peut s'asseoir directement sous les fenêtres de l'appartement où a vécu Colette – en hiver on admire des photos d'elle dans les intérieurs décorés en rouge. Les employés du ministère de la Culture et les journalistes du Figaro sont des habitués du Restaurant du Palais Royal.

---

9   Shoes/Schuhe/Chaussures

Pierre Hardy
156, Galerie de Valois
Jardins du Palais Royal
75001 Paris
Tel: +33 1 42 60 59 75
www.pierrehardy.com
Métro: Palais Royal Musée du Louvre

Pierre Hardy used to work for Hermès and today he and Christian Louboutin are the greatest French shoe designers in the world. His creations are deservedly called "high heels": most of the heels are dizzyingly high. The unique models are presented in extremely minimalist sales rooms, where nothing can distract from the details of the glamorous designs.

Pierre Hardy hat früher bei Hermès gearbeitet und ist heute neben Christian Louboutin der beste französische Schuhentwerfer der Welt. Seine Werke verdienen den Namen „high heels" zu Recht: Die Absätze sind zumeist Schwindel erregend hoch. Die einzigartigen Kreationen werden in absolut minimalistischen Verkaufsräumen präsentiert, wo nichts von den Details der glamourösen Designs ablenkt.

Pierre Hardy a travaillé autrefois chez Hermès. Aujourd'hui il est le plus grand chausseur français du monde avec Christian Louboutin. Ses créations méritent le surnom de « high heels » puisque la plupart des talons sont à vous donner le vertige. Ses chaussures sont présentées dans des espaces de vente parfaitement minimalistes où rien ne peut détourner l'attention du design glamoureux.

---

10 Library/Bibliothek/Bibliothèque

Bibliothèque Nationale de France Richelieu
58, rue de Richelieu
75002 Paris
Tel: +33 1 53 79 59 59
www.bnf.fr
Métro: Palais Royal Musée du Louvre/ Bourse/Pyramides

There may no longer be any books here since the opening of the new national library on the other side of the Seine, but there are still many other interesting features. For example, the Salle Labrouste, named after its architect Henri Labrouste, with its stunning dome, or the magnificent Galeries Mansart and Mazarine, formerly palace wings and now locations for sophisticated exhibitions.

Hier gibt es zwar seit der Eröffnung der neuen Nationalbibliothek auf der anderen Seite der Seine keine Bücher mehr, aber dafür jede Menge anderer Sehenswürdigkeiten. Die Salle Labrouste beispielsweise, die nach ihrem Architekten Henri Labrouste benannt wurde und eine Atem beraubende

10

11

12

Kuppel besitzt, oder die prachtvollen Galeries Mansart und Mazarine – ehemals Palastflügel und heute Orte anspruchsvoller Ausstellungen.

Depuis l'ouverture de la nouvelle Bibliothèque Nationale de l'autre côté de la Seine, il n'y a plus de livres ici, mais une foule d'autres curiosités. La salle Labrouste par exemple, nommée d'après son architecte Henri Labrouste et possédant une coupole époustouflante, ou les somptueuses galeries Mansart et Mazarine, formant à l'origine une aile du palais du cardinal Mazarin et qui abritent aujourd'hui des expositions de haut niveau.

11 Tearoom/Teesalon/Salon de thé

À Priori Thé
35–37, Galerie Vivienne
(Access from rue de la Banque, or rue des Petits Champs)
75002 Paris
Tel: +33 1 42 97 48 75
Métro: Bourse

The 19th-century glass-roofed shopping arcade is worth a visit for the architecture alone, and it is even better if you can squeeze in a visit to the tearoom with its colonial atmosphere. An exquisite afternoon tea, with a scone that melts on your tongue, or a piece of delicious chocolate cake or lemon cake – what a perfect afternoon.

Die mit Glas überdachten Einkaufspassagen aus dem 19. Jahrhundert sind schon dank ihrer Architektur ein lohnendes Ziel – und noch schöner, wenn man den Besuch mit einer Stippvisite im kolonial anmutenden Teesalon verbindet. Ein exquisiter Afternoon-Tea, dazu ein Scone, der auf der Zunge zergeht, oder ein Stück köstlicher Schokoladen- und Zitronenkuchen – und der Nachmittag ist perfekt.

Si les galeries marchandes aux toits de verre du 19e siècle valent le détour, rien que pour leur architecture, une petite visite au salon de thé d'ambiance coloniale est la cerise sur le gâteau. Un thé de cinq heures exquis accompagné d'un scone qui fond

sur la langue ou d'une part de délicieux gâteau au citron ou au chocolat, et l'après-midi nous sourit.

12 Restaurant/Restaurant/Restaurant

Chartier
7, rue du Faubourg Montmartre
75009 Paris
Tel: +33 1 47 70 86 29
www.restaurant-chartier.com
Métro: Grands Boulevards

Opened in 1896, this unpretentious fin-de-siècle restaurant has at last been officially made into a historical monument. Here you are served good, plain, French fare in an authentic and lively environment. This includes not only eggs with mayonnaise, Bœuf Bourguignon and Pot-au-Feu, but also the heartier sort of food, like tongue, brain of lamb and boiled head of calf but also harmless dishes. As the prices are comparatively low, you usually have to queue to get a table – but the wait is worth it. The wax works Musée Grévin is nearby (10, Boulevard Montmartre). Open daily.

1896 eröffnet, ist dieses unprätentiöse Fin-de-Siècle-Restaurant nun offiziell ein historisches Denkmal. Hier bekommt man in authentischer und lebendiger Atmosphäre gute französische Hausmannskost. Neben Mayonnaise-Eiern, Bœuf Bourguignon und Pot-au-Feu gibt es Deftiges mit Zunge, Lammhirn und gekochtem Kalbskopf, aber auch harmlose Gerichte. Da die Preise relativ niedrig sind, muss man meist Schlange stehen, um einen Tisch zu bekommen, doch das Warten lohnt. In der Nähe befindet sich das Wachsfigurenkabinett Musée Grévin (10, Boulevard Montmartre). Täglich geöffnet.

Ouvert en 1896, ce restaurant fin de siècle non prétentieux possède une salle classée aux monuments historiques. On peut y déguster des plats typiquement français dans une atmosphère vivante et authentique. À côté des œufs durs mayonnaise, du bœuf bourguignon et du pot-au-feu, on peut aussi commander de la langue de veau, de la cervelle d'agneau et de la tête de veau bouillie. Les prix étant relative-

ment modestes, il faut souvent attendre pour avoir une table, mais cela en vaut la peine. Non loin de là se trouve le Musée Grévin (10, Boulevard Montmartre). Ouvert tous les jours.

Personal Finds/Eigene Entdeckungen/
Découvertes personnelles:

_____

_____

_____

_____

_____

_____

_____

_____

_____

_____

_____

_____

_____

_____

_____

_____

Hôtel Regina

2, Place des Pyramides, 75001 Paris
☎ +33 1 42 60 31 10   📠 +33 1 40 15 95 16
reservation@regina-hotel.com
www.regina-hotel.com
Métro: Tuileries
Booking: www.great-escapes-hotels.com

Hôtel Regina

Long is the list of films made in Hotel Regina. Directors such as Claude Chabrol, André Téchiné and Luc Besson chose the hotel as a backdrop for their films; stars like Romy Schneider, Jane Birkin, Charlotte Rampling, Alain Delon and Jeremy Irons stood in front of the cameras here. And all because of the perfectly preserved belle-époque interior and the Parisian charm of the hotel. The Regina, overlooking the Tuileries and beyond to the Eiffel Tower, was opened in 1900 for the World's Fair and has kept its façade in unadulterated Second-Empire style. Although the building has been restored frequently, the floor plan for the rooms and the character of the hotel never changed. All the rooms have period furniture with a typically French brass bed in each. Further attractions are the Louis Majorelle Art-Nouveau mosaics around the fireplace in the restaurant. Should you need a break from the Parisian fin de siècle, just enter the comfortable, wood-panelled Bar Anglais to feel at home in Victorian England.

Die Liste der Filme, die im Hôtel Regina gedreht wurden, ist lang. Regisseure wie Claude Chabrol, André Téchiné und Luc Besson machten das Hotel zur Kulisse; Schauspieler wie Romy Schneider, Jane Birkin, Charlotte Rampling, Alain Delon und Jeremy Irons standen hier vor der Kamera. Zu verdanken ist das dem vollständig erhaltenen Belle-Epoque-Interieur und dem Pariser Charme des Hotels. Das Regina mit Blick über die Tuilerien bis zum Eiffelturm wurde 1900 zur Weltausstellung eröffnet. Zwar wurde das Haus immer wieder renoviert, doch die Grundrisse der Zimmer und der Charakter des Hotels wurden dabei nie zerstört. Alle Zimmer sind mit antiken Möbeln ausgestattet, jedes hat die typisch französischen Messingbetten. Weitere Höhepunkte sind die Jugendstil-Mosaike von Louis Majorelle um den Kamin im Restaurant. Wer vom Pariser Fin de Siècle eine kleine Verschnaufpause braucht, der geht einfach in die gemütliche, holzvertäfelte Bar Anglais, wo man sich im viktorianischen England wähnt.

Elle est longue la liste des films tournés à l'Hôtel Regina qui a vu passer Claude Chabrol, André Téchiné et Luc Besson ; Romy Schneider, Jane Birkin, Charlotte Rampling, Alain Delon et Jeremy Irons ont évolué ici devant la caméra. Il faut dire que l'hôtel offre un superbe décor Belle-Époque parfaitement conservé et un charme très parisien. Ouvert en 1900 à l'occasion de l'Exposition universelle, le Regina offre une vue imprenable sur les Tuileries jusqu'à la Tour Eiffel. Sa façade Second Empire n'a subi aucun changement et on a veillé au cours des rénovations à ne pas détruire les plans des chambres et le caractère de l'hôtel. Toutes les chambres abritent des meubles anciens et des lits en laiton typiquement français. Un beau détail : les mosaïques Art nouveau de Louis Majorelle autour de la cheminée du restaurant. Celui qui veut quitter un moment l'ambiance fin de siècle parisienne peut s'installer dans le confortable Bar Anglais lambrissé et se retrouve instantanément dans l'Angleterre victorienne.

Rates: Single rooms from 340 €, double rooms from 405 €, suites from 560 €, breakfast from 21 €.
Rooms: 45 classic rooms, 50 superior rooms, 10 family apartments, 10 junior suites, 10 suites.
Restaurants: Meals are also served in the attractive garden of the restaurant Le Pluvinel. If you prefer a light meal, you will find what you are looking for at lunch or tea- time in the Salon de Thé.
History: A fine example of Parisian Art Nouveau.

Preise: Einzelzimmer 340 €, Doppelzimmer ab 405 €, Suite ab 560 €, Frühstück ab 21 €.
Zimmer: 45 Klassik-Zimmer, 50 Superior-Zimmer, 10 Familien-Apartments, 10 Junior Suiten und 10 Suiten.
Restaurants: Im Restaurant Le Pluvinel wird auch im hübschen Garten serviert. Wer es leichter mag, kommt beim Lunch oder Tee im Salon de Thé auf den Geschmack.
Geschichte: Bis heute ein Beispiel für den Pariser Art nouveau.

Prix: Chambre simple 340 €, chambre double à partir de 405 €, suite à partir de 560 €, petit-déjeuner à partir de 21 €.
Chambres: 45 chambres classiques, 50 chambres supérieures, 10 appartements familiaux, 10 Junior Suites et 10 suites.
Restauration: Au restaurant Le Pluvinel, les repas sont aussi servis dans une jolie cour-jardin. On peut déjeuner plus légèrement au Bar Anglais ou prendre le thé au Salon de Thé.
Histoire: Un exemple de l'Art nouveau parisien.

RESTAURANT

1

2

3

1   Museum/Museum/Musée

Musée de l'Orangerie
Jardin des Tuileries
75001 Paris
Tel: +33 1 44 77 80 07
www.musee-orangerie.fr
Métro: Concorde/Tuileries

A visit to the Musée de l'Orangerie puts the perfect finishing touch to a stroll through the Tuileries. In the basement of the building, which was reopened in spring 2006 after extensive renovation, two oval rooms were constructed from plans drawn by Claude Monet. Here you can admire the world-famous Nymphéas, the eight huge water lily paintings which Monet donated to the French State in 1922 – a very special treat. The museum also exhibits masterpieces by Paul Cézanne, Auguste Renoir, Henri Matisse, Chaim Soutine and Pablo Picasso.

Ein Spaziergang durch die Tuilerien bekommt durch einen Besuch im Musée de l'Orangerie den letzten Schliff. Im Untergeschoss des Gebäudes, das im Frühjahr 2006 nach umfassender Renovierung wieder eröffnet wurde, wurden nach Plänen von Claude Monet zwei ovale Räume gebaut. Hier kann man die weltbekannten „Nymphéas" bewundern – die acht überdimensionalen Seerosengemälde, die Monet 1922 dem französischen Staat schenkte. Ein Hochgenuss. Zudem zeigt das Museum Meisterwerke von Paul Cézanne, Auguste Renoir, Henri Matisse, Chaim Soutine und Pablo Picasso.

Une visite au Musée de l'Orangerie sera le point d'orgue de votre promenade aux Tuileries. Au sous-sol du bâtiment, qui a rouvert ses portes au printemps 2006 après d'importants travaux, deux salles ovales ont été construites d'après les plans de Claude Monet. Là, on peut admirer les célèbres « Nymphéas », huit tableaux gigantesques de nénuphars, offerts par Monet en 1922 à l'État français. Un vrai régal. Le musée montre par ailleurs des chefs-d'œuvre de Paul Cézanne, Auguste Renoir, Henri Matisse, Chaim Soutine et de Pablo Picasso.

2   Museum/Museum/Musée

Musée de la Mode et du Textile
Palais du Louvre
107, rue de Rivoli
75001 Paris
Tel: +33 1 44 55 57 50
www.ucad.fr
Métro: Palais Royal Musée du Louvre/
Tuileries

In the city of fashion, you should visit the excellent museum of fashion. The history of fashion is recreated on 1,500 square metres of exhibition area. The museum is in possession of 16,000 items of clothing, 35,000 accessories and 30,000 different fabrics in its archives. Excellent thematic exhibitions or presentations about individual fashion designers such as Christian Dior, Paul Poiret, Elsa Schiaparelli or Viktor & Rolf are scheduled.

In der Stadt der Mode sollte man das hervorragende Modemuseum besuchen. Auf 1.500 Quadratmetern Ausstellungsfläche wird dort die Entwicklungsgeschichte der Mode nachgezeichnet. In seinen Archiven besitzt das Museum rund 16.000 Kleidungsstücke, 35.000 Accessoires und 30.000 Stoffe. Auf dem Programm stehen sehr gut gemachte Themen-Ausstellungen oder Präsentationen einzelner Modemacher wie Christian Dior, Paul Poiret, Elsa Schiaparelli oder Viktor & Rolf.

Quand on se trouve dans la capitale de la mode, il faut visiter cet intéressant musée. Sur une surface de 1500 mètres carrés toute l'histoire de la mode y est retracée. Le musée possède dans ses archives 16 000 vêtements, 35 000 accessoires et 30 000 étoffes. Au programme il y a des expositions thématiques très bien faites ou des présentations de stylistes comme Christian Dior, Paul Poiret, Elsa Schiaparelli ou Viktor & Rolf.

3   Museum shop/Museumsshop/
     Boutique du musée

Les Arts Décoratifs
107, rue de Rivoli

75001 Paris
Tel: + 33 1 44 55 57 50
www.ucad.fr
Métro: Palais Royal Musée du Louvre/
Tuileries

Attractive presents and lovely books can be bought in the museum shop in the Musée des Arts Décoratifs. Here everything is centred on art and design, and in addition there are some very unusual toys for sale.

Im Museumsshop des Musée des Arts Décoratifs kann man hübsche Geschenke und schöne Bücher kaufen. Hier dreht sich alles um die Themen Kunst und Design – außerdem wird außergewöhnliches Kinderspielzeug angeboten.

La boutique du Musée des Arts Décoratifs propose de jolies idées-cadeaux et de beaux livres. Ici tout tourne autour de l'art et du design et l'on y trouve aussi des jouets originaux.

4   Café/Café/Café

Café Marly
93, rue de Rivoli
75001 Paris
Tel: + 33 1 49 26 06 60
Métro: Palais Royal Musée du Louvre

Café Marly belongs to Jean-Louis Costes, was designed by Yves Taralon, Olivier Gagnère and Jacques Garcia, and is a must because of the spectacular location. You can sit on the terrace in winter, too, and the view of the inner courtyard of the Louvre with I.M. Pei's glass pyramid is quite an experience, day or night. Inside the café, try to sit at a table where you can gaze at the sculpture garden in the Louvre.

Das Café Marly gehört Jean-Louis Costes, wurde von Yves Taralon, Olivier Gagnère und Jacques Garcia gestaltet und ist wegen der spektakulären Lage ein Muss. Auf der Terrasse kann man auch im Winter sitzen, der Blick auf den Innenhof des Louvre mit der Glaspyramide von I. M. Pei ist tags wie nachts einfach ein Erlebnis. Im Innenraum sind die Tische empfehlens-

4

5

6

wert, die den Blick auf den eindrucksvollen Skulpturengarten im Louvre gestatten.

Appartenant à Jean-Louis Costes, le Café Marly a été décoré par Yves Taralon, Olivier Gagnère et Jacques Garcia. Son emplacement spectaculaire explique à lui seul qu'on s'y arrête. Sa terrasse ouverte également en hiver offre une vue sur la cour intérieure du Louvre avec la pyramide de verre de I.M. Pei, qui est saisissante de jour comme de nuit. À l'intérieur du café, les meilleures tables sont celles donnant sur le jardin de sculptures du Louvre.

---

5   Tearoom/Teesalon/Salon de thé

Cador

2, rue de l'Amiral de Coligny
75001 Paris
Tel: +33 1 45 08 19 18
Métro: Louvre Rivoli

This tearoom has not yet been discovered by the tourist masses, despite its location. Its beautiful, classically French interior pays homage to the 19th century. The windows look onto a romantic square and the Louvre. The large mirrors and gilded plaster work have made the salon into a popular location for fashion shoots. Those who don't have to keep on eye on their figures can be tempted by the delicious home-made chocolates, ice cream and pastries.

Ein von den Touristenmassen trotz seiner Lage am Louvre noch nicht entdeckter Teesalon. Sein wunderschönes, klassisch französisches Interieur ist eine Hommage ans 19. Jahrhundert; aus den Fenstern blickt man auf einen romantischen Platz und den Louvre. Die großen Spiegel und vergoldeten Stuckarbeiten machen den Salon zu einem beliebten Ort für Mode-Shootings. Und es gibt im Cador köstliche hausgemachte Pralinen, Eis und Pâtisserie.

Un salon de thé encore épargné par la foule des touristes bien qu'il soit situé près du Louvre. Sa magnifique décoration intérieure, de style classique, est un hommage au 19e siècle. Les fenêtres donnent sur une place romantique et sur le Louvre. Les grandes glaces et les stucs dorés font de

ce salon un lieu prisé pour les photos de mode. Le Cador propose de délicieux chocolats faits maison, des glaces et des pâtisseries.

---

6   Bridge/Brücke/Pont

Pont des Arts

Quai de Malaquais
Métro: Louvre Rivoli/Pont Neuf

The Pont des Arts was meant for a sunset à deux, and is the most beautiful bridge in Paris. It spans the Seine directly behind the Louvre and is only open to pedestrians. Dusk is an enchanted time here: on the one side you look towards the Île de la Cité, on the other side the glass dome of the Grand Palais shimmers in the remaining sunlight. Do it with style and take a bottle of champagne to drink on the bridge.

Wie geschaffen für einen Sonnenuntergang „à deux": Der Pont des Arts ist die schönste Brücke von Paris – sie überspannt die Seine direkt hinterm Louvre und ist nur für Fußgänger geöffnet. In der Dämmerung erlebt man hier magische Momente: Auf der einen Seite blickt man in Richtung Île de la Cité, auf der anderen Seite schimmert die Glaskuppel des Grand Palais. Stilgerecht eine Flasche Champagner mitnehmen und trinken.

Comme s'il avait été construit pour contempler le coucher de soleil à deux, le pont des Arts est le plus beau pont de Paris. Reliant le Louvre à l'Institut de France, il n'est ouvert qu'aux piétons. Quand la nuit tombe, on vit ici des moments magiques : d'un côté on peut contempler l'Île de la Cité et, de l'autre, la coupole de verre du Grand Palais. Il ne manque plus qu'une bouteille de champagne.

Personal Finds/Eigene Entdeckungen/
Découvertes personnelles:

1 Delicatessen/Feinkost/Épicerie de luxe
Hédiard

2 Restaurant/Restaurant/Restaurant
La Maison du Caviar

3 Chocolate/Schokolade/Chocolats
La Maison du Chocolat

4 Entertainment/Entertainment/Spectacles
Crazy Horse

5 Lounge/Lounge/Lounge
Pershing Lounge

6 Bar/Bar/Bar
Bar du Plaza

1 Bar/Bar/Bar
Bar du George V

2 Restaurant/Restaurant/Restaurant
L'Avenue

3 Art Books & Works of Art/Kunstbücher & Kunstwerke/Livres d'art & art
Artcurial

4 Fountain Pens & Lighters/Füller & Feuerzeuge/Stylos-plume & briquets
S.T. Dupont

5 Bar/Bar/Bar
Mathi's

6 Perfume/Parfum/Parfums
Creed

1 Cinema/Kino/Cinéma
Cinéma Le Balzac

2 Fashion & Accessories/Mode & Accessoires/Mode & accessoires
Louis Vuitton

3 Perfume/Parfum/Parfums
La Maison Guerlain

4 Restaurant/Restaurant/Restaurant
Caviar House & Prunier

5 Restaurant/Restaurant/Restaurant
La Table de Joël Robuchon

6 Crystal/Kristall/Cristal
La Maison de Baccarat

1 Restaurant/Restaurant/Restaurant
Cristal Room Baccarat

2 Museum/Museum/Musée
Musée de la Marine

3 Café/Café/Café
Café de l'Homme

4 Museum/Museum/Musée
Palais de Tokyo

5 Bistro/Bistro/Bistro
Aux Marches Du Palais

6 Architecture/Architektur/Architecture
Fondation Le Corbusier

8e

& 16e
Arrondissements

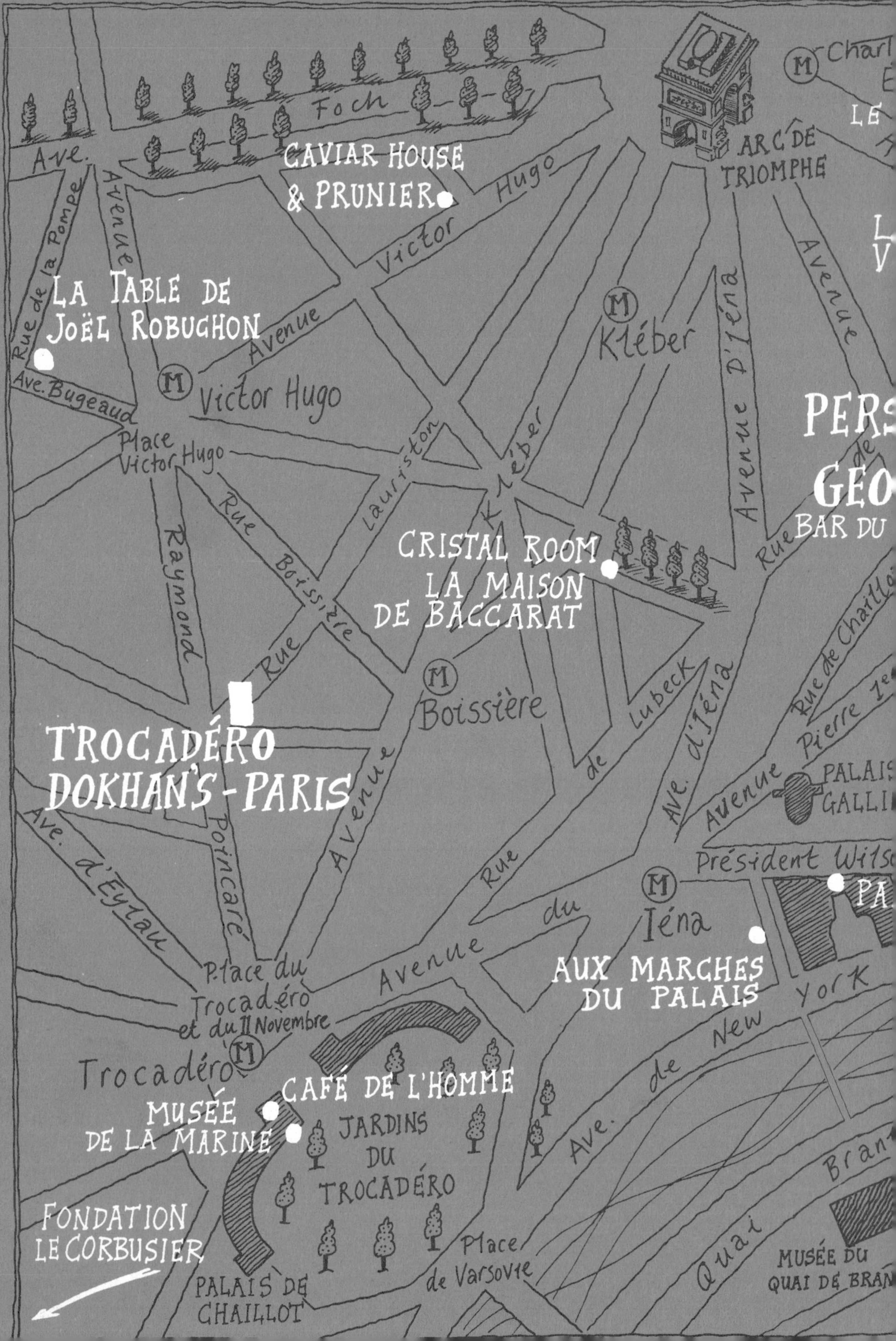

CAVIAR HOUSE
& PRUNIER

Foch

Ave.

ARC DE
TRIOMPHE

M Charl
É

LE H

L
V

Victor Hugo

LA TABLE DE
JoËL ROBUCHON

Rue de la Pompe

Avenue

Avenue

M Kléber

Kléber

Victor

Avenue D'Iéna

Avenue

PERS

Ave. Bugeaud

M Victor Hugo

Place
Victor Hugo

Lauriston

Rue de

GEO

BAR DU

Kléber

Rue

Raymond

Rue Boissière

CRISTAL ROOM
LA MAISON
DE BACCARAT

Rue de Chaillo

Rue

TROCADÉRO
DOKHAN'S - PARIS

Rue

M Boissière

de Lubeck

Avenue Pierre 1er

PALAIS
GALLI

Avenue

Ave. d'Eylau

Poincaré

Avenue du

Rue

Avenue d'Iéna

Rue

M Iéna

Iéna

Président Wilso

M PA

Place du
Trocadéro
et du 11 Novembre

Avenue

du

AUX MARCHES
DU PALAIS

de New York

M Trocadéro

CAFÉ DE L'HOMME

MUSÉE
DE LA MARINE

JARDINS
DU
TROCADÉRO

Ave.

Bran

FONDATION
LE CORBUSIER

PALAIS DE
CHAILLOT

Place
de Varsovie

Quai

MUSÉE DU
QUAI DE BRAN

LANCASTER

Rue Balzac

AC

Rue Beaujon

George V

Washington

Rue de Berri

Rue du Faubourg St-Honoré

La Boétie

St-Philippe du Roule

St-Honoré

TON

Ⓜ

Bassano

Avenue

des

Rue

Rue

de Ponthieu

Avenue Franklin

Ⓜ

Avenue Matignon

LA MAISON
GUERLAIN

LA MAISON
DU CAVIAR

Champs-Élysées

MATHIS

NG HALL

E V

RGEV

Rue Pierre Charron

LA MAISON
DU CHOCOLAT

PERSHING LOUNGE

Franklin-D.
Roosevelt

Ⓜ

Rond-Point
des Champs-Élysées

HÉDIARD

Rue François 1er

de Serbie

CREED

George V

CRAZY
HORSE

L'AVENUE

S.T. DUPONT

ARTCURIAL

Avenue Montaigne

D. Roosevelt

GRAND
PALAIS

Marceau

Avenue

BAR DU PLAZA

Ⓜ Alma-Marceau

DE TOKYO

Cours Albert 1er

Cours la Reine

Pont de l'Alma

SEINE

Quai d'Orsay

Ave. Rapp

Ave. Bosquet

Rue de l'Université

George V

31, Avenue George V, 75008 Paris
☎ +33 1 49 52 70 00   📠 +33 1 49 52 70 10
reservation.paris@fourseasons.com
www.fourseasons.com
Métro: George V
Booking: www.great-escapes-hotels.com

The George V belongs to an Arabian Prince, is managed by Four Seasons, and is considered the group's flagship hotel world-wide. After a complete renovation with loving attention to detail, it was reopened in 1999 with fewer but more spacious rooms - the spirit of French luxury has been revived. The enormous lobby with its tremendous crystal chandelier is an impressive central feature. The antique gilded furniture, the huge 17th-century tapestries and the highly polished marble are just amazing. Jeff Leatham's floral design sets an extravagant contrast. Take a cup of tea on La Galerie in the afternoon and enjoy the view of the attractive courtyard. In the evening, dinner is taken in the restaurant Le Cinq, which has been awarded three Michelin stars. My favourite place at all times of the day, however, is Le Bar, with its perfect service. The spa is small but excellent. In fact, the George V is one of the top addresses in the city and one of the finest hotels in the world.

Das George V gehört einem arabischen Prinzen, wird von Four Seasons gemanagt und gilt weltweit als eines der Flaggschiffe der Gruppe. Nach einer Rundumrenovierung mit Liebe zum Detail wurde es 1999 mit weniger, dafür aber größeren Zimmern wieder eröffnet – der Geist des französischen Luxus ist dabei neu erweckt worden. Ein beeindruckendes Schmuckstück ist die gigantische Lobby mit ihren enormen Kristallleuchtern, den antiken vergoldeten Möbeln, den riesigen Gobelins und den auf Hochglanz polierten Marmorflächen. Extravagante Kontrapunkte setzt das Floral-Design von Jeff Leatham. Am Nachmittag sollte man einen Tee auf La Galerie nehmen, abends wird im mit drei Michelin-Sternen gekrönten Restaurant Le Cinq gespeist. Mein Lieblingsort ist allerdings zu allen Stunden des Tages die Bar mit perfektem Service. Das Spa ist klein, aber äußerst fein – überhaupt zählt das George V zu den Top-Adressen der Stadt und ist eines der besten Hotels der Welt.

Le George V appartient à un prince arabe et fait partie du groupe Four Seasons dont il est l'un des fleurons. Après avoir subi une rénovation complète qui montre un grand amour du détail, il a été rouvert en 1999 - il abrite maintenant moins de chambres mais elles sont plus spacieuses. On redécouvre ici l'art de vivre à la française. Le hall gigantesque doté d'immenses lustres en cristal est un joyau impressionnant ; les meubles dorés anciens, les tapisseries 17e et les sols de marbre poli sont eux aussi admirables. Les compositions florales de Jeff Leatham posent en ces lieux un contrepoint extravagant. L'après-midi il faut prendre le thé à La Galerie et admirer la vue sur la cour. Le dîner peut être pris au restaurant Le Cinq, trois étoiles au Michelin. Mais Le Bar et son service parfait est mon favori à toute heure du jour. Le spa est petit mais extrêmement raffiné. En bref, le George V est l'une des meilleures adresses de la ville et l'un des meilleurs hôtels de la planète.

Rates: Single and double rooms from 710 € without breakfast, from 750 € with breakfast. Tip: ask about inexpensive packages as new arrangements are constantly being set up.
Rooms: 187 rooms and 58 suites.
Restaurants: The restaurant Le Cinq is one of the best gourmet locations in the city. Also excellent: the patio where you can have lunch, La Galerie (pastries for the epicure!) and Le Bar.
History: An extremely elegant city mansion, built in 1928.

Preise: Einzel-/Doppelzimmer ab 710 € ohne Frühstück, ab 750 € mit Frühstück. Mein Tipp: Nach preiswerteren Packages fragen, es werden immer wieder neue angeboten.
Zimmer: 187 Zimmer und 58 Suiten.
Restaurants: Das Restaurant Le Cinq ist eine der besten Gourmetadressen der Stadt. Ebenso erstklassig: der Patio, in dem man lunchen kann, La Galerie und Le Bar.
Geschichte: Ein überaus elegantes Stadtpalais, 1928 erbaut.

Prix : Chambre simple/double à partir de 710 € sans petit-déjeuner, à partir de 750 € avec petit-déjeuner. Se renseigner sur les packages, il y en a sans cesse de nouveaux.
Chambres : 187 chambres et 58 suites.
Restauration : Le restaurant Le Cinq, rendez-vous des gourmets. Mais le patio, dans lequel on peut déjeuner, La Galerie et Le Bar sont eux aussi sublimes.
Histoire : Un palace construit en 1928.

1

2

3

---

1   Delicatessen/Feinkost/Épicerie de luxe

Hédiard
31, Avenue George V
75008 Paris
Tel: +33 1 47 20 44 44
www.hediard.fr
Métro: George V

In 1854 Ferdinand Hédiard founded his first "Comptoir des Épices et des Colonies" in Paris. In the early days, the amazed French people were sold their exotic fruit and vegetables by smiling girls from Martinique. Today Hédiard belongs to the best and most up-market delicatessen stores in the world and stocks a range of more than 6,000 gourmet products from all over the globe. In this branch you can even buy food for a picnic on the Seine on Sundays, and admire the superbly presented groceries until your mouth begins to water.

1854 gründete Ferdinand Hédiard seinen ersten „Comptoir des Épices et des Colonies" in Paris – in den Anfangszeiten bekamen die staunenden Franzosen exotisches Obst und Gemüse schon mal von lächelnden Mädchen aus Martinique verkauft. Heute gehört Hédiard zu den besten und vornehmsten Delikatessenläden und hat mehr als 6.000 Gourmet-Produkte aus aller Welt im Sortiment. In dieser Filiale kann man sogar sonntags für ein Picknick an der Seine einkaufen und die wunderschönen präsentierten Lebensmittel bewundern, bis einem das Wasser im Mund zusammen läuft.

Ferdinand Hédiard a fondé en 1854 son premier « Comptoir des Épices et des Colonies » à Paris. À l'époque, les fruits et les légumes exotiques étaient servis aux Français étonnés par de souriantes Martiniquaises. Aujourd'hui Hédiard compte parmi les meilleures épiceries de luxe au monde et propose aux gourmets plus de 6000 produits venus de la terre entière. Dans cette filiale, on peut même acheter le dimanche tout ce qu'il faut pour se restaurer sur les bords de la Seine tout en admirant les merveilleuses présentations jusqu'à ce que l'eau vous vienne à la bouche.

---

2   Restaurant/Restaurant/Restaurant

La Maison du Caviar
21, rue Quentin Bauchart
75008 Paris
Tel: +33 1 47 23 53 43
www.caviarvolga.com
Métro: George V

La Maison du Caviar is a classic institution in Paris, a very comfortable restaurant in the Russian tradition. Here you sit at small tables or at the long bar and treat yourself to the finest caviar. Should this be too expensive for you, ask for the delicious smoked wild salmon or crab, or order the classic Bœuf Stroganoff. Open daily.

La Maison du Caviar ist eine klassische Institution in Paris, ein Restaurant in russischer Tradition und sehr gemütlich. Hier sitzt man an kleinen Tischen oder an der langen Bar und gönnt sich feinsten Kaviar. Wem der zu teuer ist, kann köstlichen geräucherten Wildlachs oder Krebse bestellen – oder ordert den Klassiker Bœuf Stroganoff. Täglich geöffnet.

Devenue une véritable institution à Paris, La Maison du Caviar est un restaurant de tradition russe très agréable. On y est assis à des petites tables ou au grand comptoir et l'on y déguste un excellent caviar. Mais on peut aussi, et pour moins cher, commander un délicieux saumon fumé, des crevettes ou le classique bœuf Stroganoff. Ouvert tous les jours.

---

3   Chocolate/Schokolade/Chocolats

La Maison du Chocolat
52, rue François 1er
75008 Paris
Tel: +33 1 47 23 38 25
www.lamaisonduchocolat.com
Métro: George V

The Maison du Chocolat was founded in 1977 by Robert Linxe in Paris and now boasts five shops in the city. In addition to these, there are branches in London, New York and Tokyo. Tasting hand-made chocolate or cocoa beans can be compared to wine-tasting and so the company offers "Le Parcours Initiatique" for the curious, a basic course in chocolate lore to cultivate the taste buds and the senses.

1977 von Robert Linxe in Paris gegründet, ist die Maison du Chocolat inzwischen bereits mit fünf Läden in der Stadt vertreten – zudem gibt es Filialen in London, New York und Tokio. Das Verkosten handgemachter Schokolade oder der Kakaobohne kann man mit der Degustation von Wein vergleichen. Für alle Neugierigen bietet das Unternehmen deshalb „Le Parcours Initiatique" an, einen Grundkurs in Schokoladenkunde, bei dem Geschmacksknospen und Sinne kultiviert werden.

Fondée à Paris en 1977 par Robert Linxe, la Maison du Chocolat est désormais représentée dans cinq endroits de la ville et compte des filiales à Londres, New York et Tokyo. La dégustation du chocolat maison ou d'une fève de cacao peut se comparer à celle d'un bon vin. Pour tous les amateurs, l'entreprise propose donc « Le Parcours Initiatique », un cours élémentaire en matière de chocolat, où l'on apprend à cultiver ses papilles et ses autres sens.

---

4   Entertainment/Entertainment/Spectacles

Crazy Horse
12, Avenue George V
75008 Paris
Tel: +33 1 47 23 32 32
www.crazy-horse.fr
Métro: Alma Marceau

Since Alain Bernardin turned the Crazy Horse into a temple of l'art du nu in Paris in 1951, beautiful women, imaginative productions and excellent choreography have been on show here. Add amusing entertainment, unadulterated pleasure for the ladies and gentlemen of the audience, accompanied by a bottle of well-cooled champagne and you have an absolutely unforgettable evening in Paris. Book well in advance!

1951 machte Alain Bernardin das Crazy Horse zum Tempel der „l'art du nu" in Paris –

4

5

6

seitdem gibt es hier wunderschöne Frauen, fantasievolle Inszenierungen und ausgezeichnete Choreographien zu bewundern. Dazu humorvolle Unterhaltung und puren Genuss für die Damen und die Herren – begleitet von einer gut gekühlten Flasche Champagner. Ein ganz bestimmt unvergesslicher Abend in Paris. Rechtzeitig reservieren!

En 1951, Alain Bernardin faisait du Crazy Horse le temple de « l'art du nu » à Paris. Depuis lors on peut y contempler des femmes magnifiques, des mises en scène fantastiques et des chorégraphies excellentes, le tout accompagné de numéros humoristiques qui raviront aussi bien le public féminin que masculin. Une bouteille de Champagne bien frappé vous sera servie. Une soirée parisienne inoubliable qu'il faut réserver à l'avance.

---

5 Lounge/Lounge/Lounge

Pershing Lounge
Pershing Hall
49, rue Pierre Charron
75008 Paris
Tel: +33 1 58 36 58 00
E-Mail: info@pershinghall.com
www.pershing-hall.com
Métro: George V/Franklin D. Roosevelt

This lounge at Hôtel Pershing Hall is where the city's jeunesse dorée get together – a casual, smart set sips well-mixed cocktails and chats in elegantly furnished corner seating areas. The designer Andrée Putman has bathed the entire bar in red light, and DJs provide the matching sound for this night-style experience. The lounge is open from 6 p.m. to 2 a.m.; however, a visit is only really worthwhile after dinner.

In dieser Lounge im Hôtel Pershing Hall trifft sich die „jeunesse dorée" der Stadt – ein lässig-schickes Publikum nippt an gut gemixten Cocktails und plaudert in elegant ausgestatteten Sitzecken. Die Designerin Andrée Putman hat die ganze Bar in rotes Licht getaucht, und DJs sorgen für die passenden Klänge zu diesem Night-Style-Erlebnis. Geöffnet

ist täglich von 18 bis 2 Uhr; wirklich interessant wird ein Besuch aber erst nach dem Dinner.

Ce lounge de l'Hôtel Pershing Hall est le point de rencontre de la « jeunesse dorée » de la capitale. Chics et décontractés, les clients y dégustent de délicieux cocktails tout en bavardant dans un espace plein d'élégance. La créatrice Andrée Putman a plongé le bar tout entier dans un éclairage rouge et les DJ font en sorte que la musique s'harmonise avec cette ambiance « night style ». Ouvert tous les jours de 18 heures à 2 heures du matin ; vraiment intéressant après le dîner.

---

6 Bar/Bar/Bar

Bar du Plaza
Hôtel Plaza Athénée Paris
25, Avenue Montaigne
75008 Paris
Tel: +33 1 53 67 66 65
www.plaza-athenee-paris.com
Métro: Alma-Marceau

The celebrated "English Bar" of the Plaza Athénée no longer exists, unfortunately. Now a pseudo-Starck look prevails: the bar, designed by Patrick Jouin, is hewn out of glass and begins to glow when you touch it. However, the cocktail list is excellent. This makes the bar a good alternative, should you want to chill out somewhere other than in the George V or Pershing Lounge. Or should you be curious about the restaurant run by Alain Ducasse, or about the magnificent lobby of this legendary hotel.

Die berühmte „English Bar" des Plaza Athénée gibt es leider nicht mehr. Jetzt herrscht hier ein Pseudo-Starck-Look – die Bar von Designer Patrick Jouin ist aus Glas gehauen, beginnt zu leuchten, wenn man sie berührt. Die Cocktail-Karte allerdings ist exzellent. Damit sei die Bar zur Abwechslung empfohlen, falls man mal nicht nur im George V oder in der Pershing Lounge chillen möchte. Oder einfach nur neugierig auf das Restaurant von Alain Ducasse oder die prachtvolle Lobby dieser Hotellegende ist.

Malheureusement le célèbre bar anglais de l'hôtel Plaza Athénée n'existe plus. Il y règne maintenant un look à la Philippe Starck. Le bar a été conçu par le designer Patrick Jouin. Entièrement en verre, il s'allume quand on le touche. La carte des cocktails est quant à elle excellente. Ce bar est donc à recommander si on ne désire pas uniquement fréquenter le George V ou le Pershing Lounge. Ou encore si on est simplement curieux de découvrir le restaurant d'Alain Ducasse ou le hall somptueux de cet hôtel de légende.

Personal Finds/Eigene Entdeckungen/
Découvertes personnelles:

_____

_____

_____

_____

_____

_____

_____

_____

_____

_____

_____

_____

_____

_____

_____

_____

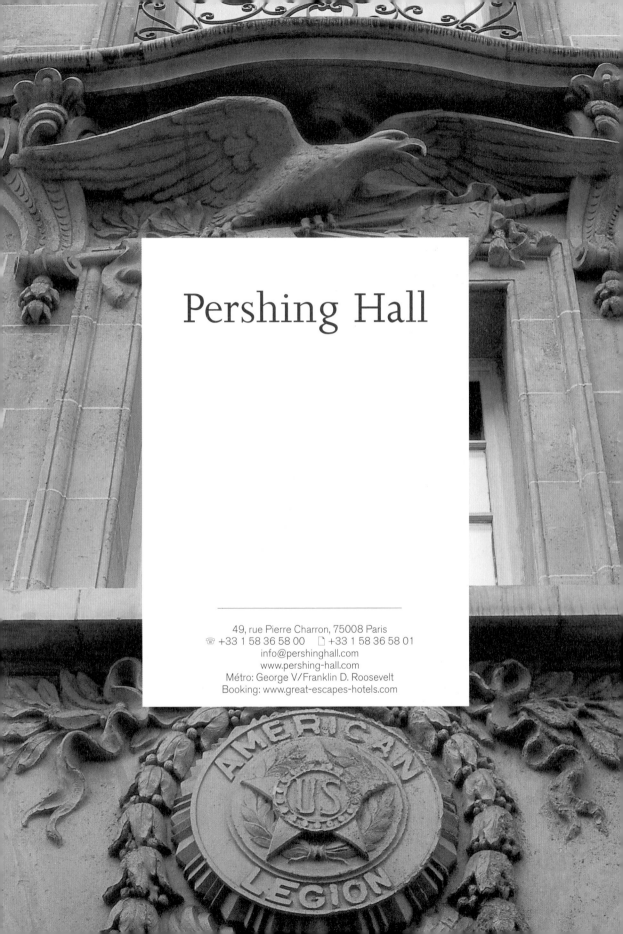

Pershing Hall

49, rue Pierre Charron, 75008 Paris
☎ +33 1 58 36 58 00   +33 1 58 36 58 01
info@pershinghall.com
www.pershing-hall.com
Métro: George V/Franklin D. Roosevelt
Booking: www.great-escapes-hotels.com

Pershing Hall

Pershing Hall, designed by Andrée Putman, is located in the "Golden Triangle" between the Champs-Elysées, Avenue Montaigne and Avenue George V and is hidden discreetly behind a classic Parisian façade. Yet step through the bead curtain, and you find yourself in a green oasis in the middle of the city. The large courtyard lies in the shade of a lush, vertical garden, which turns the restaurant into a special experience. Tout Paris dines here. In summer the roof is opened and you can look straight up into the city sky. After dinner, the clientele moves to the lounge with its subdued red lighting and comfortable grey sofas. The hotel rooms are very chic, as we would expect of Putman, and in non-colours like off-white, taupe and aubergine. The designer has managed to avoid turning the purist interior into a trendy designer hotel guaranteed to become unfashionable soon, and instead has given the building a classic touch. All the rooms are furnished with cutting-edge technology and art.

Die von Andrée Putman gestaltete Pershing Hall steht im „Goldenen Dreieck" zwischen Champs-Élysées, der Avenue Montaigne und der Avenue George V und verbirgt sich unauffällig hinter einer klassischen Pariser Hausfassade. Doch wer durch den Perlenvorhang hindurch geht, tritt unmittelbar in eine grüne Oase mitten in der Stadt: Der große Innenhof wird von einem üppigen, vertikal wachsenden Garten beschattet und macht das dortige Restaurant zu einem Erlebnis – hier speist „tout Paris". Im Sommer wird das Dach zurückgefahren und man blickt direkt in den Himmel über der Stadt. Abends nach dem Dinner wechselt das Publikum in die Lounge mit ihrem gedämpften Rotlicht und den bequemen grauen Sofas. Die Hotelzimmer sind, ganz Putman, sehr chic und in Nicht-Farben wie Off-white, Schlammgrau und Aubergine gehalten. Die Designerin hat es geschafft, das puristische Interieur nicht wie ein trendiges Designhotel mit Verfallsdatum wirken zu lassen, sondern gibt dem Haus einen klassischen Touch.

Conçu par Andrée Putman, le Pershing Hall qui se dissimule derrière une façade Second Empire est situé dans le « Triangle d'or » entre les Champs-Élysées, l'Avenue Montaigne et l'Avenue George V. Celui qui passe à travers le rideau de perles se retrouve dans une oasis de verdure au cœur de Paris. La vaste cour intérieure est ombragée par un jardin vertical luxuriant qui transforme le restaurant en expérience fabuleuse - le Tout-Paris se retrouve ici. L'été, le toit est replié et le ciel de la ville offert aux regards. Le soir, après le dîner, le public va s'asseoir sur les confortables canapés gris du salon éclairé d'une lumière rouge tamisée. Les chambres, Putman oblige, sont très élégantes et offrent des couleurs neutres beige, lichen et aubergine. Pari réussi de l'architecte d'intérieur qui a donné une touche classique et épurée aux espaces – rien ici de branché, de fugace. Toutes les pièces sont dotées de la technologie et des œuvres d'art les plus modernes. Avec spa et salle de fitness.

Rates: Single and double rooms from 420 €, suites from 720 €, breakfast from 26 €.
Rooms: 16 rooms and 10 suites.
Restaurants: Fusion cuisine is served in the courtyard restaurant. Go one floor up to the Pershing Lounge with its DJs for more night life after dinner.
History: Designer hotel in a 19th-century city mansion, named after General Pershing. With a spa and fitness room.

Preise: Einzel-/Doppelzimmer ab 420 €, Suite ab 720 €, Frühstück ab 26 €.
Zimmer: 16 Zimmer und 10 Suiten.
Restaurants: Im Innenhof-Restaurant wird Fusion Cuisine serviert. Fürs anschließende Nachtleben gibt es eine Etage höher die Lounge Pershing mit DJs.
Geschichte: Nach General Pershing benanntes Designhotel in einem Stadtpalais aus dem 19. Jahrhundert. Mit Spa und Fitnessraum.

Prix : Chambre simple/double à partir de 420 €, suite à partir de 720 €, petit-déjeuner à partir de 26 €.
Chambres : 16 chambres et 10 suites.
Restauration : Les mets raffinés, sous le signe de la fusion des saveurs, sont servis dans le patio face au mur de végétation. Le soir, la Pershing Lounge est ouverte un étage plus haut et la vie nocturne bat son plein avec la musique des DJs.
Histoire : Cet hôtel particulier, ancienne résidence du général Pershing, a été construit au 19e.

1

2

3

1   Bar/Bar/Bar

Bar du George V
Hôtel George V
31, Avenue George V
75008 Paris
Tel: +33 1 49 52 70 06
www.fourseasons.com
Métro: George V

If you need a change from Andrée
Putman's design or the cool people in the
Pershing Lounge or in the Avenue, then
it is time to move on to the cosy, traditional
bar in the George V. It is only a few hun-
dred meters to walk, and offers discreet
professional service and excellent drinks
and snacks.

Wenn man das Design von Andrée Putman
und die coolen Leute in der Pershing
Lounge oder im Avenue nicht mehr sehen
kann, sollte man in die gemütliche, traditionelle Bar des George V wechseln. Sie
ist nur ein paar hundert Meter zu Fuß entfernt, bietet einen diskreten professionel-
len Service, exzellente Drinks und Snacks.

Si on ne peut plus supporter le design
d'Andrée Putman ni les clients très cools
du Pershing Lounge ou de l' Avenue, il
faut alors se rendre au bar confortable et
traditionnel du George V. Situé à quelques
centaines de mètres de là, il propose un
service professionnel et discret, des boissons excellentes ainsi que des snacks.

2   Restaurant/Restaurant/Restaurant

L'Avenue
41, Avenue Montaigne
75008 Paris
Tel: +33 1 40 70 14 91
Métro: Franklin-D. Roosevelt/Alma Marceau

It is not only for the light and healthy cuisine
that people come here, but also because
of its slim and beautiful, calorie-conscious
followers. It is always the young, well-
dressed people who sit in L'Avenue, as well
as stars of the cinema and television who
have arranged to meet journalists here for
an interview. The interior, designed by

Jacques Garcia, is just as trendy in violet
velvet and gold. Stop by for a drink in the
bar on the second floor before or after
your meal.

Hier geht man nicht nur wegen der leich-
ten und gesunden Küche hin, sondern
auch wegen ihrer schön-schlanken und
kalorienbewussten Anhänger. Im L'Avenue
sitzen immer junge, gut gekleidete Menschen sowie Stars aus Film und Fernsehen,
die sich hier mit Journalisten zum Interview verabredet haben. Das Interieur von
Jacques Garcia gibt sich ebenso trendig
in lila Samt und Gold. Vor oder nach dem
Essen kann man noch auf einen Drink in
der Bar im zweiten Stock vorbeischauen.

On se rend ici non seulement à cause de
la cuisine légère et saine, mais aussi pour
les habitués minces et soucieux de leur
ligne. Les clients de L' Avenue sont toujours de jeunes gens bien habillés ou des
vedettes du cinéma et de la télévision. La
décoration intérieure de Jacques Garcia
est elle aussi « trendy » avec ses dorures
et son velours lilas. Avant et après le repas,
on peut monter au deuxième étage pour
boire un verre au bar.

3   Art Books & Works of Art/Kunstbü-
    cher & Kunstwerke/Livres d'art & art

Artcurial
Hôtel Dassault
7, Rond Point des Champs-Élysées
75008 Paris
Tel: +33 1 42 99 16 19 (bookshop)
+33 1 42 99 16 16 (gallery)
www.artcurial.com
Métro: Franklin D. Roosevelt/Champs-
Élysées Clémenceau

The magnificent neoclassical building of
Hôtel Dassault dates from 1844 – it has
been redesigned by the architect Jean-
Michel Wilmotte and since 2002 has
housed a gallery for contemporary art and
a shop selling art books and exhibition
catalogues from all over the world. Rare
books and books long out of print can
also be found in the elegant rooms – the
portfolio consists of over 10,000 titles.

Der prachtvolle neoklassizistische Bau des
Hôtel Dassault stammt aus dem Jahr
1844 – er wurde vom Architekten Jean-
Michel Wilmotte umgestaltet und beherbergt
seit 2002 eine Galerie für zeitgenössische
Kunst und einen Laden für Kunstbücher
sowie Ausstellungs-kataloge aus aller Welt.
In eleganten Räumen findet man hier auch
selteneund längst vergriffene Bände – das
Portfolio umfasst mehr als 10.000 Titel.

Construit en 1844 dans le style néoclassique, le somptueux Hôtel Dassault
a été réaménagé par l'architecte Jean-
Michel Wilmotte. Depuis 2002, il abrite
une galerie d'art contemporain et une
librairie proposant des livres d'art et des
catalogues d'expositions du monde entier.
Dans les élégantes salles à l'ambiance
de villa vous trouverez aussi des livres
rares et épuisés depuis longtemps.
Plus de 10 000 titres sont à votre disposition.

4   Fountain Pens & Lighters/Füller &
    Feuerzeuge/Stylos-plume & briquets

S. T. Dupont
58, Avenue Montaigne
75008 Paris
Tel: +33 1 45 61 08 39
www.st-dupont.com
Métro: Franklin D. Roosevelt

Founded in 1872, Dupont has been one
of the most famous manufacturers of
fountain pens and lighters ever since.
The company is also renowned for its
Chinese-lacquer goods, which have been
produced since 1976. You can have one
of the elegant pens, perhaps the model
"Classique", or one of the classic lighters
engraved with your initials – très chic.

Dupont wurde 1872 gegründet und ist
seitdem einer der weltweit berühmtesten
Hersteller von Füllern und Feuerzeugen.
Bekannt ist das Unternehmen auch für
die Produkte aus chinesischem Lack,
die seit 1976 produziert werden. Hier
kann man sich die eleganten Füller, z. B.
das Modell „Classique", oder eines der
klassischen Feuerzeuge mit seinen
Initialen gravieren lassen, „très chic".

4

5

6

Fondé en 1872, Dupont est depuis cette époque l'un des plus célèbres fabricants de stylos-plume et de briquets au monde. La maison est également connue pour ses articles en laque de Chine qu'elle produit depuis 1976. Ici on peut faire graver ses initiales sur les élégants stylos, par exemple le modèle « Classique », ou sur l'un des briquets, ce qui fait très chic.

---

5   Bar/Bar/Bar

Mathi's
3, rue de Ponthieu
75008 Paris
Tel: +33 1 53 76 01 62
Métro: Franklin D. Roosevelt

One from the past. The simple hotel bar long ago became one of those places which attract a merry mixture of people night after night. Media and fashion stars meet in the typical Paris atmosphere at Mathi's, and not infrequently stay until dawn.

Ein Veteran. Aus der einfachen Hotelbar wurde bereits vor Urzeiten einer der Plätze, der Nacht für Nacht eine lustige Mischung an Menschen anzieht. Im Mathi's treffen sich in typisch pariserischer Atmosphäre Medien- und Modestars und halten nicht selten bis zum Morgengrauen aus.

Un vétéran. Cet ancien bar d'hôtel tout simple a été transformé il y a des lustres en un établissement qui, toutes les nuits, attire un joyeux mélange de consommateurs. Au Mathi's se rencontrent dans une atmosphère typiquement parisienne les stars de la mode et des médias, et bien souvent elles n'en repartent qu'au petit matin.

---

6   Perfume/Parfum/Parfums

Creed
38, Avenue Pierre 1er de Serbie
75008 Paris
Tel: +33 1 47 20 58 02
www.parfumscreed.com
Métro: léna

When James Henry Creed opened his first shop in London in 1760, he very soon became the favorite perfumer of the aristocracy - Queen Victoria loved his exclusive fragrances as did later Napoléon III and Eugénie, Franz Joseph and Sisi. The family business has had an outlet in Paris since 1854; the present owner, Olivier Creed, constantly travels around the world to find natural essences such as rose, jasmine and iris. His latest creation is called 2000 Fleurs and is sold in elegant flacons.

Als James Henry Creed 1760 seinen ersten Laden in London eröffnete, avancierte er im Handumdrehen zum Lieblingsparfumeur des Adels – Queen Victoria liebte seine exklusiven Düfte ebenso wie später Napoléon und Eugénie, Franz Joseph und Sisi. Seit 1854 gibt es das Familienunternehmen in Paris; der heutige Chef Olivier Creed reist ständig um die Welt, um natürliche Essenzen aufzuspüren wie Rosen, Jasmin und Iris. Seine jüngste Kreation heißt „2000 Fleurs" und wird im edlen Flakon verkauft.

Après avoir ouvert sa première boutique à Londres en 1760, James Henry Creed devint du jour au lendemain le chouchou de la noblesse. La reine Victoria adorait ses parfums exclusifs, tout comme plus tard Napoléon III et Eugénie, François-Joseph et Sissi. L'entreprise familiale est implantée à Paris depuis 1854. Olivier Creed, le patron actuel, voyage constamment pour rechercher des essences naturelles comme la rose, le jasmin et l'iris. Sa dernière création s'appelle « 2000 Fleurs », elle est vendue dans un luxueux flacon.

Personal Finds/Eigene Entdeckungen/
Découvertes personnelles:

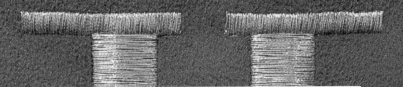

Hôtel Lancaster

7, rue de Berri, Champs-Élysées, 75008 Paris
☎ +33 1 40 76 40 76   ☐ +33 1 40 76 40 00
reservations@hotel-lancaster.fr
www.hotel-lancaster.fr
Métro: George V/Franklin D. Roosevelt
Booking: www.great-escapes-hotels.com

Hôtel Lancaster

This building was originally a city mansion until the Swiss hotelier Emile Wolf bought it, added four storeys and opened it as a hotel in 1930. Due to its location in a side street off the Champs-Élysées, a very elegant promenade at the time, the Lancaster became a favourite place of the stars, including Marlene Dietrich. She lived here for three years and a suite with a fireplace has been dedicated to her. On the walls of the hotel there are still pictures by the Polish artist Boris Pastoukhoff, who used to pay his bills in paintings. In 1995 the Andrieu family bought the hotel. The daughter Grace Leo-Andrieu rejuvenated the Lancaster together with Christian Liaigre, without spoiling any of its glamorous atmosphere. The green Zen Garden in the courtyard is a small oasis. Star chef Michel Troisgros rules in the restaurant. Under the roof in the attic there is a romantic love nest, decorated with red silk from ceiling to floor, with two balconies and a breathtaking view over the roofs of Paris.

Ursprünglich wurde dieses Gebäude als Stadtpalais erbaut – bis es der Schweizer Hotelier Emile Wolf kaufte, es um vier Etagen aufstockte und 1930 als Hotel eröffnete. Dank seiner Lage in einer Seitenstraße der damals hocheleganten Flaniermeile, den Champs-Élysées, wurde das Lancaster zur Lieblingsadresse der Stars – unter ihnen Marlene Dietrich, die hier drei Jahre lebte und der heute eine Suite gewidmet ist. An den Wänden des Hotels hängen noch immer Bilder des polnischen Künstlers Boris Pastoukhoff, der seine Rechnungen mit Gemälden zu bezahlen pflegte. 1995 erwarb die Familie Andrieu das Hotel – die Tochter Grace Leo-Andrieu hat das Lancaster gemeinsam mit Christian Liaigre verjüngt, dabei aber die glamouröse Atmosphäre nicht zerstört. Eine kleine Oase ist der grüne Zen-Garten im Innenhof. Im Restaurant des Lancaster herrscht Starkoch Michel Troisgros. In der Mansarde befindet sich ein romantisches Liebesnest, das zwei Balkone mit atemberaubendem Ausblick über die Dächer von Paris hat.

Construit à l'origine pour un aristocrate d'origine cubaine, cet hôtel particulier a été acheté par l'hôtelier suisse Emile Wolf qui lui ajouta quatre étages et l'ouvrit au public en 1930. La proximité des Champs-Élysées, à l'époque l'avenue la plus élégante de Paris, a fait du Lancaster le point de chute favori des stars : Marlene Dietrich y a ainsi vécu durant trois ans – aujourd'hui une suite avec cheminée lui est d'ailleurs dédiée. Des portraits et natures mortes de l'artiste polonais Boris Pastoukhoff – il réglait ainsi sa note –, ornent encore les murs. En 1995, la famille Andrieu a acheté l'hôtel. Assistée de Christian Liaigre, Grace Leo-Andrieu a rajeuni le cadre tout en préservant son atmosphère glamour. Le jardin zen de la cour intérieure est un îlot de sérénité. Le cuisinier star Michel Troisgros règne en maître sur le restaurant. Blotti sous la mansarde, un petit nid d'amour tapissé de soie rouge et doté de deux balcons offre une vue à couper le souffle sur les toits de la capitale.

Rates: Single and double rooms from 470 €, suites from 790 €, breakfast from 32 €.
Rooms: 49 rooms and 11 suites.
Restaurants: Food fresh from the market is on the menu in La Table du Lancaster. A light luncheon can also be ordered in the Zen Garden. In addition, the hotel has three lounges for drinks.
History: Built in 1889 as a city mansion. Still a location with atmosphere, even though the Champs-Élysées may have long forfeited its own.

Preise: Einzel-/Doppelzimmer ab 470 €, Suite ab 790 €, Frühstück 32 €.
Zimmer: 49 Zimmer und 11 Suiten.
Restaurants: Im La Table du Lancaster steht marktfrische Küche auf der Karte. Leichte Lunch-Gerichte kann man auch im Zen-Garten bestellen. Zudem besitzt das Hotel drei Salons für Drinks.
Geschichte: 1889 als Stadtvilla erbaut. Immer noch eine Adresse mit Atmosphäre – auch wenn die Champs-Élysées ihre längst eingebüßt haben.

Prix : Chambre simple/double à partir de 470 €, suite à partir de 790 €, petit-déjeuner 32 €.
Chambres : 49 chambres et 11 suites.
Restauration : La Table du Lancaster offre une cuisine préparée avec les produits du marché. On peut également déjeuner léger dans le jardin zen. L'hôtel possède aussi trois salons où on peut commander un drink.
Histoire : Hôtel particulier construit en1889. Il est toujours réputé pour son atmosphère - ce qui n'est plus le cas des Champs-Élysées.

1

2

3

1   Cinema/Kino/Cinéma

Cinéma Le Balzac
1, rue Balzac
75008 Paris
Tel: +33 1 45 61 10 60
www.cinemabalzac.com
Métro: Charles de Gaulle Étoile/George V

Since it started showing American films in the original version in 1935, the Cinéma Le Balzac has been one of the major cinemas in Paris. The best productions from France and indeed from the whole world have always been shown here, and still are. Also worth looking into are the concerts on Saturday evening and the "Séances Pochette Surprise", musical events every second Sunday in the month at 11 a.m. when films are accompanied by live music.

Seit es 1935 amerikanische Filme im Original zeigte, ist das Cinéma Le Balzac eine der großen Kinoadressen von Paris. Hier liefen und laufen die besten Produktionen aus Frankreich und aller Welt – empfehlenswert sind auch die Konzerte am Samstag Abend und die „Séances Pochette Surprise", musikalische Events jeden zweiten Sonntag im Monat um 11 Uhr vormittags, an denen Filme von Live-Musik begleitet werden.

Depuis qu'il avait diffusé en 1935 des films américains dans leur version originale, Le Balzac est l'un des grands cinémas de Paris. On y projette les meilleures productions françaises et de l'étranger. On recommandera aussi les concerts organisés le samedi soir et les « Séances Pochette Surprise », au cours desquelles sont présentés le deuxième dimanche du mois des petits films avec accompagnement musical live.

2   Fashion & Accessories/Mode & Accessoires/Mode & accessoires

Louis Vuitton
101, Avenue des Champs-Élysées
75008 Paris
Tel: +33 1 53 57 52 00
www.louisvuitton.com
Métro: George V

The Louis Vuitton flagship on the Champs-Élysées was opened in October 2005. A genuine boutique de luxe, which the architects Peter Marino and Eric Carlson conceived with the theme "La Promenade" in mind. Modern art, including works by Olafur Eliasson and James Turrell forms the splendid frame for even more splendid fashion and accessories. You will never tire of a Louis Vuitton item, the design is timeless, the workmanship simply fantastic. My toilet bag and my little pochette with the brown monogrammed cover accompany me throughout the whole world.

Das im Oktober 2005 eröffnete Flaggschiff von Louis Vuitton direkt an den Champs-Élysées ist eine echte Boutique de luxe, die die Architekten Peter Marino und Eric Carlson unter das Motto „La Promenade" (der Spaziergang) gestellt haben. Moderne Kunst – unter anderem von Olafur Eliasson und James Turrell – bildet den edlen Rahmen für die noch edlere Mode samt Accessoires. Ein Louis-Vuitton-Stück wird man garantiert nie leid, das Design ist zeitlos, die Verarbeitung ist einfach fantastisch. Meine Kulturtasche und meine kleine Pochette mit dem braunen Monogrammbezug begleiten mich durch die ganze Welt.

C'est en octobre 2005 qu'a eu lieu la réouverture du magasin des Champs-Élysées, véritable boutique de luxe conçue par les architectes Peter Marino et Eric Carlson et baptisée « La Promenade ». L'art moderne – avec la participation, entre autres, du Olafur Eliasson et James Turrell – constitue un cadre de luxe pour une mode et des accessoires encore plus luxueux. Une chose est sûre, on ne se lasse jamais d'un article de Louis Vuitton, le design est intemporel et les finitions fantastiques. Ma trousse de toilette et ma petite pochette au monogramme marron m'accompagnent dans le monde entier.

3   Perfume/Parfum/Parfums

La Maison Guerlain
68, Avenue des Champs-Élysées
75008 Paris
Tel: +33 1 45 62 52 57

www.guerlain.com
Métro: George V/Franklin D. Roosevelt

Andrée Putman and Maxime d'Angeac have created a wellness wonderland over three floors and 600 square metres out of the historical parent house on the Champs-Élysées which was opened here in 1914. The new Maison Guerlain celebrates beauty in the midst of gold, gloss and glamour. You should call in at least once to test the best sellers, such as "Heure Bleue", "Mitsouko" and "Shalimar", sold in elegant bottles (most of them by Baccarat). Did you know that Guerlain's ingredients are up to 80 per cent natural? Imagine that, in a day and age when nearly all new fragrances are almost purely chemical. My favourite perfume from Guerlain is "Chamade".

Aus dem historischen Stammhaus an den Champs-Élysées, das hier 1914 eröffnet wurde, haben Andrée Putman und Maxime d'Angeac ein Wellnesswunderland auf drei Etagen und 600 Quadratmetern geschaffen. Die neue Maison Guerlain zelebriert die Schönheit inmitten von Gold, Glanz und Glamour – hier sollte man mindestens einmal vorbeischauen und an Bestsellern wie „Heure Bleue", „Mitsouko" und „Shalimar" schnuppern, die in edlen Flaschen angeboten werden (zum Großteil von Baccarat). Wussten Sie, dass die Inhaltsstoffe bei Guerlain zu 80 Prozent natürlich sind? Und das in einer Zeit, in der die meisten neuen Düfte fast nur noch aus Chemie bestehen. Mein Lieblingsparfüm von Guerlain ist „Chamade".

Andrée Putman et Maxime d'Angeac ont transformé le bâtiment historique ouvert en 1914 en un espace magique d'une surface de 600 mètres carrés répartie sur trois étages consacrés aux soins du corps. La nouvelle Maison Guerlain célèbre la beauté dans l'or, l'éclat et le glamour. Il est impératif de s'y rendre au moins une fois pour s'enivrer des fragrances « bestsellers » comme « Heure Bleue », « Mitsouko » et « Shalimar », offertes dans de luxueux flacons (en grande partie créés par Baccarat). Savez-vous que les parfums de chez Guerlain sont à 80 pour cent d'essences naturelles ? Et ce, à une

4

5

6

époque où de plus en plus de produits chimiques entrent dans la composition de la plupart des nouveaux parfums. Mon parfum préféré de chez Guerlain est « Chamade ».

4   Restaurant/Restaurant/Restaurant

Caviar House & Prunier
15, Place de la Madeleine
75008 Paris
Tel: +33 1 47 42 98 98
www.caviarhouse-prunier.com
Métro: Madeleine

Pierre Bergé, once the partner of Yves Saint-Laurent, opened this stylish art-déco restaurant with the support of the designer Jacques Grange. The restaurant serves caviar of the finest – what makes it special is that it comes from France. Instead of Russian or Iranian delicacies, fine Aquitaine cuisine is served here, accompanied by choice wines. Highly recommended for special lunches when cost is not the primary consideration. Closed on Sundays.

Pierre Bergé, einst Partner von Yves Saint- Laurent, hat mit Unterstützung des Designers Jacques Grange ein stilvolles und elegantes Art-déco-Restaurant eröffnet, in dem feinster Kaviar auf der Karte steht – das Besondere daran ist dessen Herkunftsland Frankreich. Statt russischen oder iranischen Delikatessen verspeist man hier Edles aus Aquitanien; begleitet von ausgesuchten Weinen. Eine sehr gute Adresse, wenn der Lunch mal etwas teurer ausfallen darf. Sonntag Ruhetag.

Pierre Bergé, jadis partenaire d'Yves Saint- Laurent, a ouvert avec l'aide du designer Jacques Grange un restaurant de style art déco qui propose un caviar de haute gamme, dont la particularité est qu'il vient de France. Au lieu de spécialités russes ou iraniennes, on déguste ici de savoureux mets d'Aquitaine accompagnés de vins choisis. Une bonne adresse si l'on n'hésite pas à regarder à la dépense. Fermé le dimanche.

5   Restaurant/Restaurant/Restaurant

La Table de Joël Robuchon
16, Avenue Bugeaud
75116 Paris
Tel: +33 1 56 28 16 16
www.joelrobuchon.com (not active at present, under reconstruction)
Métro: Victor Hugo

The ambience is elegant, the menu is appetizing and the combination of dishes excellent. La Table de Joël Robuchon serves modern French cuisine seasoned with touches of Mediterranean and Asian aromas. It is listed in the 2006 Michelin Guide with 2 stars. Not to be missed.

Das Ambiente ist elegant, chic-reduziert, die Karte Appetit anregend und sehr gut zusammengestellt. La Table de Joël Robuchon serviert moderne französische Küche, die mit mediterranen und asiatischen Aromen verfeinert ist. Im Guide Michelin 2006 ist das Restaurant gleich mit 2 Sternen ausgezeichnet. Absolut ein Besuch wert.

L'ambiance est élégante, chic et sans chichis, la carte vous met en appétit et est très bien composée. « La Table de Joël Robuchon » sert une cuisine française moderne agrémentée d'arômes méditerranéens et asiatiques. Le Guide Michelin 2006 a attribué deux étoiles à ce restaurant. A recommander absolument.

6   Crystal/Kristall/Cristal

La Maison de Baccarat
11, Place des États-Unis
75016 Paris
Tel: +33 1 40 22 11 22
www.baccarat.fr
Métro: Boissière/Kléber

Baccarat took its name from the village Baccarat in Lorraine where the first glassworks was founded in 1764. It is the symbol worldwide for French crystal. For several years now, the Maison de Baccarat has been housed in a former private mansion where Marie-Laure de Noailles used to hold a salon dedicated to artists, writers and musicians. Philippe Starck transformed the new home into an extravagant setting for the sparkling crystal world. A display that should not be missed.

Baccarat, das seinen Namen vom lothringischen Dorf Baccarat bekam, in dem 1764 die erste Glasmanufaktur eröffnet wurde, ist weltweit das Symbol für französische Kristallwaren. Seit einigen Jahren residiert die Maison de Baccarat in einem ehemaligen Privatpalais, in dem Marie-Laure de Noailles einst zu künstlerischen Salons einlud. Philippe Starck hat das Anwesen in eine theatralische Bühne für eine funkelnde Kristallwelt verwandelt. Eine Inszenierung, die man gesehen haben sollte.

Symbolisant dans le monde entier le cristal français, Baccarat doit son nom au village de Lorraine où fut ouverte la première verrerie en 1764. Depuis quelques années, la Maison de Baccarat est installée dans un ancien hôtel particulier. Marie-Laure de Noailles y tenait jadis ses salons artistiques. Philippe Starck a métamorphosé la demeure en un écrin prestigieux pour un monde de cristal étincelant. Une mise en scène qui vaut le coup d'œil.

Personal Finds/Eigene Entdeckungen/ Découvertes personnelles:

_____

_____

_____

_____

_____

_____

_____

_____

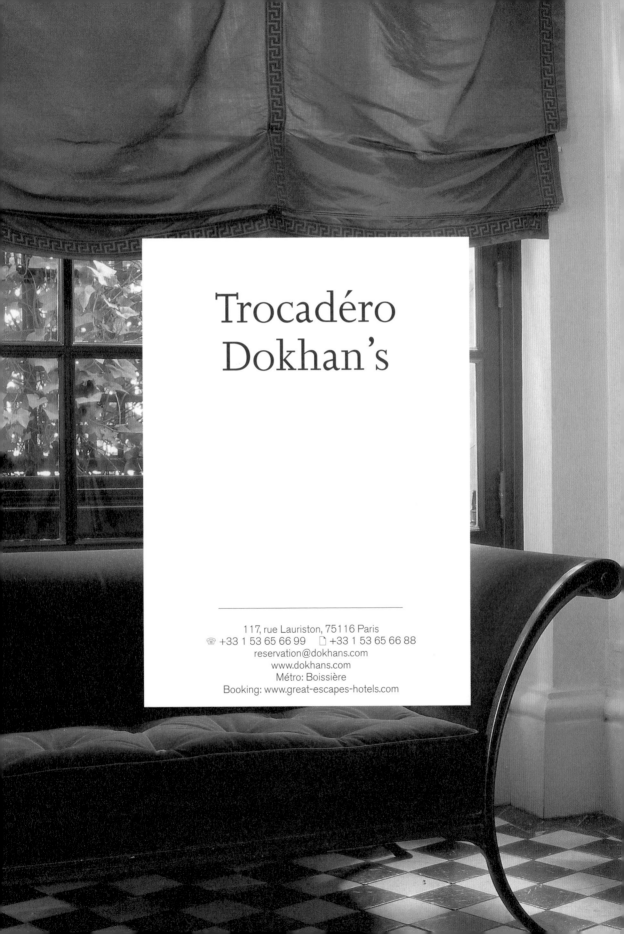

Trocadéro
Dokhan's

117, rue Lauriston, 75116 Paris
☏ +33 1 53 65 66 99   ☐ +33 1 53 65 66 88
reservation@dokhans.com
www.dokhans.com
Métro: Boissière
Booking: www.great-escapes-hotels.com

Trocadéro Dokhan's

This is truly an hôtel très particulier, on a corner in the middle of the elegant 16th Arrondissement, looking very much like a French version of the New York Flatiron Building. The decorator Frédéric Méchiche designed the interior more as a private mansion than a hotel. Entering the semi-circular lobby, hung with original drawings by Picasso and Matisse, you could almost imagine you were visiting friends. In the neo-classical salon, illuminated by candles in the late afternoon, you will find the Champagne Bar. Every day a different rare make of champagne is served, one which is not otherwise available on the market. Another delightful detail is the small lift in the hotel, made out of a huge Louis Vuitton steamer trunk, so you feel what it is like to stand in one of these famous pieces of luggage. The rooms are impeccably designed, with hand-painted black-and-white striped wallpaper in the rooms, matching bed covers and carpets, as well as black-and-white tiled bathrooms.

Dies ist ein wirkliches „hôtel très particulier", mitten im noblen 16. Arrondissement, es erinnert an eine französische Version des Flatiron Buildings in New York. So hat der Designer Frédéric Méchiche das Innenleben als Privatpalais entworfen – wer die halbrunde Lobby betritt, könnte fast glauben, bei Bekannten zu Gast zu sein. Die Lobby zieren sogar originale Zeichnungen von Picasso und Matisse. Im neoklassizistischen Salon, der ab dem späten Nachmittag mit Kerzen beleuchtet wird, befindet sich die Champagner-Bar. Dort bekommt man jeden Tag eine andere seltene Sorte, die sonst nicht im Handel ist. Ein weiteres charmantes Detail ist der kleine Aufzug des Hotels, der aus einem riesigen Louis-Vuitton-Schrankkoffer entstanden ist; so hat man das Erlebnis, in einem dieser berühmten Gepäckstücke gestanden zu haben. In den Zimmern gibt es handgemalte Tapeten mit schwarz-weißen Streifen, passende Bettüberwürfe und Teppiche sowie schwarz-weiß gekachelte Badezimmer, alles sehr subtil zusammengestellt.

La silhouette de cet hôtel qui se dresse au cœur du prestigieux 16e arrondissement fait songer au Flatiron Building de New York. L'intérieur, conçu par le designer Frédéric Méchiche, évoque davantage une résidence privée qu'un hôtel, et celui qui pénètre dans le hall en demi-lune décoré de dessins originaux de Picasso et Matisse, a presque l'impression de rendre visite à des connaissances. Le bar à champagne se trouve dans le salon néoclassique qui est éclairé par des bougies dès la fin de l'après-midi. Chaque jour, on y organise des soirées dégustations proposant des maisons que l'on ne trouve pas dans le commerce. Un autre détail charmant est le petit ascenseur de l'hôtel tapissé de toiles Vuitton – on a vraiment l'impression d'être transporté dans la célèbre malle de voyage. Les chambres sont tapissées de papier à rayures blanches et noires peint à la main, avec couvre-lits et moquettes assortis ; les salles de bains sont carrelées en blanc et noir. L'ensemble est sobre et raffiné.

Rates: Single and double rooms from 410 €, suites from 850 €, breakfast 27 €.
Rooms: 41 rooms and 4 suites.
Restaurants: Restaurant bar in finest Empire style. Experience the fine art de vivre at the start of the day with tables laid with white linen and silver cutlery. Take a light meal in the evening, followed by a visit to the wonderful Champagne Bar.
History: A private city house has been turned into a stylish city hotel of the highest quality. Opened in 1980.

Preise: Einzel-/Doppelzimmer ab 410 €, Suite ab 850 €, Frühstück 27 €.
Zimmer: 41 Zimmer und 4 Suiten.
Restaurants: Restaurant-Bar im besten Empire-Stil. Morgens beginnt die „art de vivre" an mit weißem Leinen und Silberbesteck gedeckten Tischen, abends gibt es leichte Gerichte, ehe man sich der herrlichen Champagner-Bar zuwendet.
Geschichte: Aus einem privaten Stadthaus wurde ein stilvolles Stadthotel für höchste Ansprüche. Eröffnung war 1980.

Prix : Chambre simple/double à partir de 410 €, suite à partir de 850 €, petit-déjeuner 27 €.
Chambres : 41 chambres et 4 suites.
Restauration : Restaurant-Bar de style Empire. Le matin, les tables sont garnies de lin blanc et de couverts en argent, le soir on dîne légèrement avant de déguster le champagne au bar.
Histoire : Hôtel particulier transformé en établissement destiné à une clientèle des plus exigeantes. Il a été ouvert en 1980.

1

2

3

1 Restaurant/Restaurant/Restaurant

Cristal Room Baccarat

La Maison de Baccarat
11, Place des États-Unis
75116 Paris
Tel: +33 1 40 22 11 10
www.baccarat.fr
Métro: Boissière/Kléber

The best place to celebrate the newly acquired Baccarat items with a glass of wine – the wine list here is rather good. The restaurant has also been designed by Philippe Starck – très chic and with an ambience touching on baroque. The dishes, mainly French-plain, are fantastic, but expensive.

Der beste Platz, um die neu erstandenen Baccarat-Stücke bei einem Glas Wein zu feiern (die Weinkarte kann sich sehen lassen). Auch das Restaurant ist von Philippe Starck im barock inspirierten Ambiente und „très chic" gestaltet worden. Die überwiegend französisch-schlichten Gerichte sind grandios, aber teuer.

Le meilleur endroit pour fêter ses nouvelles acquisitions de Baccarat en dégustant un bon vin (la carte des vins peut d'ailleurs rivaliser avec les plus grandes). D'inspiration baroque, le restaurant a été lui aussi aménagé par Philippe Starck et se distingue par son élégance. La cuisine surtout française que l'on y sert est raffinée, mais onéreuse.

2 Museum/Museum/Musée

Musée de la Marine

17, Place du Trocadéro
75016 Paris
Tel: +33 1 53 65 69 69
www.musee-marine.fr
Métro: Trocadéro

The Musée de la Marine is directly opposite the Eiffel Tower and the Champ de Mars - in the west wing of Palais de Chaillot, built for the 1937 World's Fair. The exhibits in one of the oldest maritime museums in the world are vivid reminders of long gone ages such as the era of Louis XV. A walk through the exhibition halls inevitably conjures up adventure on the high seas.

Das Musée de la Marine liegt direkt gegenüber des Eiffelturms und des Marsfeldes – im Westflügel des Palais de Chaillot, der 1937 anlässlich der Weltausstellung erbaut wurde. In einem der ältesten Schifffahrtsmuseen der Erde lassen die Exponate längst vergangene maritime Epochen wieder lebendig werden, zum Beispiel die Ära Ludwigs XV. Beim Bummel durch die Ausstellungshallen träumt man unwillkürlich von großen Abenteuern auf See.

Situé en face de la tour Eiffel et du Champ de Mars, le musée de la Marine a été installé en 1937 dans l'aile ouest du palais de Chaillot à l'issue de l'Exposition internationale. Les objets présentés dans l'un des plus anciens musées maritimes au monde font revivre des époques révolues, comme par exemple celle de Louis XV. En se promenant dans les salles d'exposition on ne peut s'empêcher de rêver aux aventures que connurent nos ancêtres sur les mers.

3 Café/Café/Café

Café de l'Homme

17, Place du Trocadéro
75016 Paris
Tel: +33 1 44 05 30 15
www.cafedelhomme.com
Métro: Trocadéro

This café with is amazingly high ceilings is on the ground floor of Musée de l'Homme and Musée de la Marine at the Palais de Chaillot – the place to enjoy lunch or a cup of coffee after touring the museum and have a breathtaking view of the Eiffel Tower from the terrace.

Dieses Café mit fantastisch hohen Räumen liegt im Erdgeschoss des Musée de l'Homme und Musée de la Marine im Palais de Chaillot – nach dem Ausstellungsbesuch genießt man hier einen Kaffee oder das Mittagessen und von der Terrasse aus einen atemberaubenden Blick auf den Eiffelturm.

Ce café dont les salles sont fantastiquement hautes est situé au rez-de-chaussée du Musée de l'Homme et du Musée de la Marine au Palais de Chaillot. Après la visite vous pourrez déguster ici votre café ou le déjeuner sur la terrasse tout en admirant la vue imprenable sur la tour Eiffel.

4 Museum/Museum/Musée

Palais de Tokyo

Site de création contemporaine
13, Avenue du Président Wilson
75016 Paris
Tel: +33 1 47 23 54 01
www.palaisdetokyo.com
Métro: Iéna

The complex was built in 1937 at the Quai de Tokyo on the bank of the Seine on the occasion of the "Exposition internationale des arts et techniques de la vie moderne". Contemporary art has been on display here since January 2002. The museum is open at unusual times, and receives its visitors every day except Monday until midnight. Perfect for a tour after an evening appointment or a cinema visit – should you become hungry, you can have a snack at Tokyo Eat in the basement. One of the city's newest museums, the Musée du Quai Branly, designed by Jean Nouvel, is only a few minutes away on foot. It exhibits art from Africa, Oceania, Asia and America and is considered to be the monument that Jacques Chirac has left to himself in the French capital (www.quaibranly.fr).

Der Komplex wurde 1937 anlässlich der „L'Exposition internationale des arts et techniques de la vie moderne" am Seineufer Quai de Tokyo gebaut, seit Januar 2002 gibt es hier zeitgenössische Kunst zu sehen. Das Museum hat ungewöhnliche Öffnungszeiten und empfängt seine Gäste täglich außer Montag bis Mitternacht. Perfekt also nach einem Abendtermin oder Kinobesuch – wer Hunger bekommt, kann im Untergeschoss im Tokyo Eat eine Kleinigkeit essen. In Fußnähe liegt auch eines der jüngsten Museen der Stadt, das Musée du Quai Branly, das Jean Nouvel gebaut hat. Es zeigt Kunst aus Afrika, Ozeanien, Asien und Amerika und gilt als

4   5   6

Denkmal, das sich Jacques Chirac in der Hauptstadt gesetzt hat (www.quaibranly.fr).

Le complexe fut édifié en 1937 à l'occasion de « L'Exposition internationale des arts et techniques de la vie moderne », sur le quai de la Seine nommé à l'époque Quai de Tokyo. Depuis janvier 2002, il abrite des œuvres de l'art contemporain. Le musée a des heures d'ouverture un peu spéciales puisqu'il accueille ses visiteurs jusqu'à minuit tous les jours, sauf le lundi. Parfait donc après un rendez-vous le soir ou une séance de cinéma. Celui qui ressent une petite faim peut déguster un en-cas au restaurant Tokyo Eat, situé au sous-sol. À quelques pas de là se trouve aussi l'un des tout nouveaux musées de la ville, le Musée du Quai Branly, conçu par Jean Nouvel. Consacré aux arts d'Afrique, d'Océanie, d'Asie et d'Amérique, il est considéré comme « le » monument de Jacques Chirac dans la capitale (www.quaibranly.fr).

---

5   Bistro/Bistro/Bistro

Aux Marches Du Palais
5, rue de la Manutention
75016 Paris
Tel: +33 1 47 23 52 80
Métro: Iéna

Located very close to Palais de Tokyo on the way to the Musée du quai Branly and a good alternative to Tokyo Eat. Aux Marches Du Palais is named after a well-known children's song and serves typical dishes in a traditional, unpretentious bistro ambience. Tasty tapas make good early evening snacks and of course there is a wide selection of wine by the glass. A visit to the bistro is followed by a walk across the footbridge to the Quai de Branly.

Ganz in der Nähe des Palais de Tokyo auf dem Weg zum Musée du Quai Branly gelegen und eine gute Alternative zum Tokyo Eat. Das Aux Marches Du Palais ist nach einem bekannten Kinderlied benannt und serviert in klassisch-traditionellem, unprätentiösem Bistro-Ambiente typische Gerichte. Für den kleinen Hunger am frühen Abend gibt es auch leckere Tapas;

und dazu natürlich eine große Auswahl an Weinen im Glas. Danach überquert man die Fußgängerbrücke und besucht das Quai de Branly.

Situé tout près du Palais de Tokyo sur le chemin du Musée du quai Branly, Aux Marches du Palais est une bonne alternative au Tokyo Eat. Devant son nom à une comptine très connue, il sert dans une ambiance de bistro des plats typiques comme le foie gras et la dorade. Pour les petites faims en début de soirée, il propose aussi de délicieuses tapas et naturellement un grand choix de vins proposés en demi-carafe. Vous pourrez ensuite traverser le pont réservé aux piétons pour visiter le Quai de Branly.

---

6   Architecture/Architektur/Architecture

Fondation Le Corbusier
Villa La Roche
10, Square du Docteur Blanche
75016 Paris
Tel: +33 1 42 88 41 53
www.fondationlecorbusier.asso.fr
Métro: Jasmin

In 1923 Le Corbusier drew up the plans for the Villa La Roche for the art collector Raoul La Roche : a must-see for architecture fans, as is the neighbouring Villa Jeanneret. Clear lines, high rooms, unadulterated forms and colours, a ramp instead of steps. Paintings, sketches, furniture and sculptures by the architect are also on display here. Nearby, in rue Mallet-Stevens, there are more of these beautiful modern houses from the 1920s by the French architect Robert Mallet-Stevens, which can be admired at least from the outside.

1923 entwarf Le Corbusier die Villa La Roche für den Kunstsammler Raoul La Roche – wie die benachbarte Villa Jeanneret ist sie ein Muss für Architekturliebhaber. Klare geschwungene Formen, hohe Räume, reine Formen und Farben, statt Treppe eine Rampe. Zu sehen sind hier außerdem Gemälde, Zeichnungen, Möbel und Skulpturen des Architekten. In der Nähe (rue Mallet-Stevens) gibt es noch einige der schönen modernen Häuser aus den

1920er-Jahren des französischen Architekten Robert Mallet-Stevens zumindest von außen zu bewundern.

En 1923, Le Corbusier dessina la Villa La Roche pour le collectionneur d'art Raoul La Roche. Comme sa voisine, la Villa Jeanneret, elle est un must pour les amateurs d'architecture avec sa ligne sobre et élancée, ses hauts plafonds, ses couleurs claires et sa rampe en guise d'escalier. En outre, on peut y admirer les tableaux, dessins, meubles et sculptures de l'architecte. Dans les environs (rue Mallet-Stevens), il est possible de contempler, du moins de l'extérieur, quelques belles maisons modernes des années 1920 construites par l'architecte français Robert Mallet-Stevens.

Personal Finds/Eigene Entdeckungen/
Découvertes personnelles:

_____

_____

_____

_____

_____

_____

_____

_____

_____

_____

_____

_____

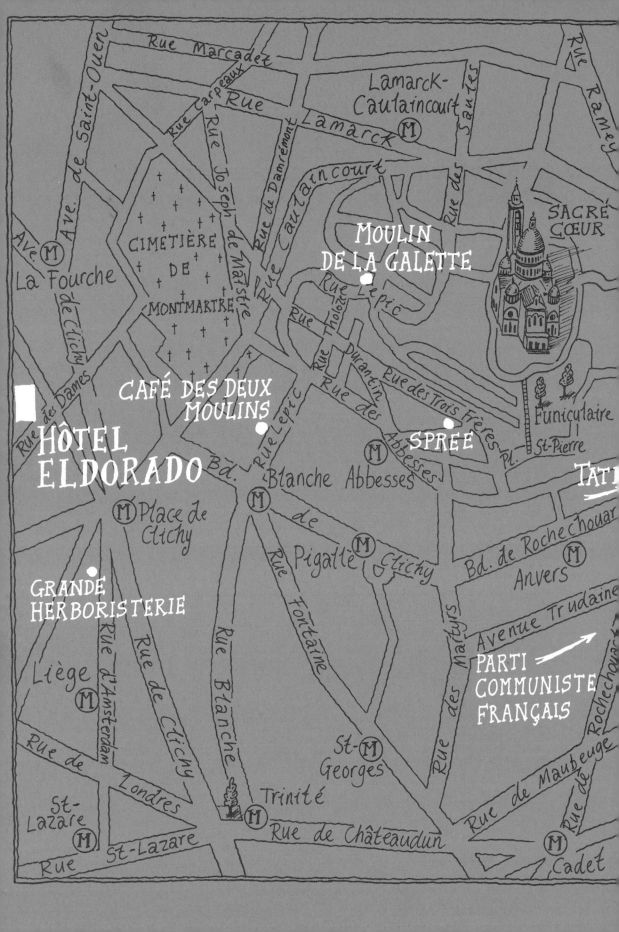

17e

& 18e
Arrondissements

84 **Hôtel Eldorado**

Hôtel
Eldorado

18, rue des Dames, 75017 Paris
☎ +33 1 45 22 35 21   📱 +33 1 43 87 25 97
eldoradohotel@wanadoo.fr
www.eldoradohotel.fr
Métro: Place de Clichy
Booking: www.great-escapes-hotels.com

RÉCEPTION

Hôtel Eldorado

Once a maison de rendez-vous, now a typical hôtel de charme, this is an excellent alternative to the shabby and over-priced would-be hotels in Montmartre and Pigalle. The Eldorado Hotel has a pleasant atmosphere, is very reasonably priced and is located in a small garden in a picturesque street – reserve one of the quiet rooms overlooking the green courtyard, if possible. All the eleven rooms are furnished differently. The proprietor has put her souvenirs from all over the world on display, for example, bedspreads from Africa or kitsch postcards from China. Stay here and you will enjoy a relaxed ambience, will be looked after as one of the family, and, if you are lucky, you might meet the neighbours who get together for a glass of wine in the garden if the weather is fine. The Eldorado also has a small bistro, but the hotel is equipped quite simply. Even if there is no hairdryer in the bathroom (bring your own), and no television in the rooms (not necessary in Paris), you can still have a lot of fun.

Aus einer ehemaligen „maison de rendez-vous" ist ein typisches „hôtel de charme" geworden – eine wunderbare Alternative zu den schäbigen und dafür zu teuren Möchte-Gern-Hotels von Montmartre und Pigalle. Das Eldorado Hotel hat viel Atmosphäre, ist äußerst preiswert und liegt dazu noch in einem kleinen Garten (wenn möglich, eines der ruhigen Zimmer zum grünen Innenhof reservieren) in einer pittoresken Straße. Alle 11 Zimmer sind unterschiedlich eingerichtet. Die Besitzerin hat Souvenirs von ihren Reisen in alle Ecken der Welt in Szene gesetzt – zum Beispiel Tagesdecken aus Afrika oder Kitschpostkarten aus China. Wer hier wohnt, wird familiär umsorgt und lernt mit etwas Glück die Nachbarn kennen, die sich bei schönem Wetter auf ein Glas Wein im Garten treffen. Zum Eldorado gehört auch ein kleines Bistro – ansonsten ist das Haus eher einfach eingerichtet. In den Bädern gibt es keinen Haarfön (kann man selber mitbringen) und in den Zimmern keinen Fernseher (braucht man in Paris nicht), dafür aber jede Menge Spaß.

Une ancienne « maison de rendez-vous » transformée en hôtel de charme. Cela nous change agréablement des hôtels snobs et chers mais médiocres. L'Hôtel Eldorado a de l'atmosphère à revendre, est très bon marché et se trouve en « pleine campagne » (si possible réserver une chambre donnant sur la cour intérieure verte) dans une rue pittoresque. Aucune chambre n'est semblable à l'autre. La propriétaire a rapporté des souvenirs de tous ses voyages et les a mis en scène – par exemple des couvre-lits africains ou des cartes postales kitsch chinoises. Celui qui séjourne ici savoure l'ambiance légère et conviviale et, avec un peu de chance, il fait la connaissance de ses voisins qui s'asseyent dans le jardin avec un verre de vin dès que le temps le permet. L'Eldorado possède aussi un petit bistro. La maison est aménagée plutôt simplement, la salle de bains n'est pas équipée d'un sèche-cheveux et les chambres n'ont pas de télévision ; qu'importe : le plaisir est ici garanti.

Rates: Single rooms from 25 €, double rooms from 60 €, breakfast from 6 €.
Rooms: 11 rooms, all differently furnished.
Restaurants: Simple French cuisine on the menu, or on the blackboard, in the "Bistro des Dames". Burgundy wine from small domains is drunk in the Bar à vin, or in the hotel garden.
History: Your stay here will be as if with friends, in an idyllic area, yet near to Montmartre and Pigalle.

Preise: Einzelzimmer ab 25 €, Doppelzimmer ab 60 €, Frühstück 6 €.
Zimmer: 11 Zimmer, die alle unterschiedlich eingerichtet sind.
Restaurants: Im Bistro des Dames steht einfache französische Küche auf der Karte bzw. auf der Kreidetafel. Burgunder von kleinen Gütern trinkt man in der Bar à vin oder im hoteleigenen Garten.
Geschichte: Wohnen wie bei Freunden – in idyllischer Lage und doch nahe an Montmartre und Pigalle.

Prix : Chambre simple à partir de 25 €, chambre double à partir de 60 €, petit-déjeuner 6 €.
Chambres : 11 chambres, toutes meublées différemment.
Restauration : Cuisine traditionnelle et simple au Bistro des Dames ; plats à la carte ou sur l'ardoise. Dans le jardin ou dans le bar à vin, on boit le bourgogne de petits producteurs.
Histoire : Habiter comme chez des amis, dans un cadre idyllique, et tout près de Montmartre et Pigalle.

1

2

3

1 Herbs/Kräuter/Herboristerie

Grande Herboristerie Parisienne de la Place Clichy
87, rue d'Amsterdam
75008 Paris
Tel: +33 1 48 74 83 32
Métro: Place de Clichy/Liège

The smell of countless herbs could almost make you imagine you were on a freshly mown meadow instead of in the concrete jungle of Paris. The shop stocks more than 900 herbs, as well as cleverly composed mixtures and elixirs. It doesn't matter if you are suffering from a cold, sleeplessness or the jimjams, you'll find the right remedy here, sometimes even individually prepared.

Dank des Geruchs nach ungezählten Kräutern wähnt man sich hier eher auf einer frisch gemähten Wiese denn im Großstadtdschungel von Paris. Das Geschäft führt mehr als 900 Kräuter sowie gut zusammengestellte Mischungen und Elixiere. Egal, ob man an Schnupfen, Schlaflosigkeit oder Nervosität leidet – hier gibt es das passende Mittel; auch individuell gemischt.

Grâce au parfum des plantes, on a ici plus l'impression de se trouver dans une prairie, dont l'herbe aurait été fraîchement coupée, que dans la jungle de la grande ville. Le magasin propose plus de 900 herbes ainsi que des mélanges et des élixirs. Que l'on souffre d'un rhume, d'insomnie ou de nervosité, on trouvera ici le remède qui convient, même si on doit le préparer tout spécialement pour vous.

2 Café/Café/Café

Café des Deux Moulins
15, rue Lepic
75018 Paris
Tel: +33 1 42 54 90 50
Métro: Blanche

This café shot to fame through the wonderful, low-budget, French film Amélie, with Audrey Tatou (2001), which was nominated for five Oscars. The walls are now adorned with photos of the actress, but otherwise the atmosphere of the 1950s remains the same, as does the menu. There you can find the traditional classics like steak, frisee lettuce with fried diced bacon and goat's cheese, or camembert with a glass of Côtes du Rhône.

Berühmt wurde dieses Café durch den wunderbaren französischen Low-Budget-Film „Die wunderbare Welt der Amélie" mit Audrey Tatou (2001), der für fünf Oscars nominiert wurde. Die Wände zieren jetzt Fotos der Schauspielerin – ansonsten ist die Atmosphäre der 1950er aber erhalten geblieben; ebenso die Speisekarte. Auf der stehen Klassiker wie Steaks, Friséesalat mit gebratenem Speck und Ziegenkäse oder Camenbert mit einem Glas Côtes du Rhône.

Ce café doit sa célébrité au film à petit budget « Le fabuleux destin d'Amélie Poulain » avec Audrey Tatou (2001), un film cinq fois nominé aux Oscars. Hormis les photos de l'actrice qui décorent les murs, le café a gardé son atmosphère des années 1950, tout comme la carte d'ailleurs qui propose des plats classiques comme le beefsteak, la salade frisée aux petits lardons, le fromage de chèvre ou le camembert. Le tout accompagné d'un verre de Côtes du Rhône.

3 Restaurant/Restaurant/Restaurant

Moulin de la Galette
83, rue Lepic
75018 Paris
Tel: +33 1 46 06 84 77
Métro: Blanche

This restaurant is located just below the Moulin de la Galette at Montmartre, in a little place that has kept its rural charm to the present day. The atmosphere is timeless, the cooking simple and unpretentious. It is especially pleasant to sit on the pretty terrace with a view of the old windmill. Try the chestnut soup with chicory.

Dieses Restaurant liegt direkt unterhalb der Moulin de la Galette am Montmartre – in einer Ecke, die sich bis heute ihren dörf-

lichen Charme bewahrt hat. Das Ambiente ist zeitlos, die Küche schlicht und unprätentiös. Besonders schön sitzt man auf der hübschen Terrasse mit Blick auf die alte Windmühle.

Ce restaurant est situé sous le Moulin de la Galette à Montmartre, dans un quartier qui a gardé son charme de petit village. L'ambiance est intemporelle, la cuisine simple et sans affectation. On est particulièrement bien assis sur la jolie terrasse avec vue sur le vieux moulin. Essayez donc la soupe aux marrons avec endives.

4 Concept Store/Concept-Store/Concept Store

Spree
16, rue La Vieuville
75018 Paris
Tel: +33 1 42 23 41 40
Métro: Abbesses

An unusual boutique with a good mixture of those young fashion designers held in high regard by the two proprietors themselves. On the shelves you can find designs by Eley Kishimoto as well as Comme des Garçons. Unusual furniture and objects complete the assortment. As far as I know, this is the only shop in Paris where you can buy ballerina shoes by Porselli.

Eine außergewöhnliche Boutique mit einer guten Mischung an jungen Modedesignern, die die beiden Besitzer selbst schätzen. In den Regalen findet man Entwürfe von Eley Kishimoto bis Comme des Garçons. Außergewöhnliche Möbel und Objekte machen die Auswahl komplett. Meines Wissens nach ist dies der einzige Laden in Paris, in dem man Ballerinas von Porselli bekommt.

Une boutique inédite proposant un bon choix de jeunes stylistes que les deux propriétaires prisent particulièrement. Sur les étagères on trouvera ainsi des créations d'Eley Kishimoto ou de Comme des Garçons par exemple. Les meubles et les objets extraordinaires complettent le tout. Autant que je sache, c'est le seul magasin à Paris où on trouve des ballerines de Porselli.

4

5

6

5   Department Store/Kaufhaus/Grand
     magasin

Tati
4, Boulevard de Rochechouart
75018 Paris
Tel: +33 1 55 29 50 00
www.tati.fr
Métro: Barbès Rochechouart

Tati's is a concept store in its own way.
The cheapest department store in Paris
has been around for more than fifty years.
The pink and white checked pattern with
the dark blue word "Tati" can be recog-
nised from afar (nearly everyone in the
African quarter carries a plastic bag with
the logo). The entrance to Tati's bridal
department is at rue Belhomme No. 5,
and it is a pleasure to watch the pretty
coloured women choosing their wedding
dresses (which usually make you think of
meringues and candy floss). Don't forget
the "sweet souvenirs" from Tati's confec-
tionery shop, packed in pink and white
bags, of course.

Auf seine Art ist das Tati auch ein Concept-
Store. Das billigste Kaufhaus in Paris gibt
es seit mehr als fünfzig Jahren – das rosa-
weiß karierte Muster mit dem dunkelblau-
en Wort „Tati" erkennt man von weitem
(fast jeder im afrikanischen Viertel trägt
eine Tüte mit diesem Logo). In der rue
Belhomme Nummer 5 liegt der Eingang
zum Brautgeschäft von Tati, dort ist es ein
Vergnügen, die hübschen farbigen Frauen
bei der Wahl ihres Hochzeitskleides (die
meist an Baisers und Zuckerwatte erinnern)
zu bewundern. Und „sweet souvenirs" gibt
es im Süßigkeiten-Laden von Tati – natürlich in rosa-weiße Tütchen verpackt.

À sa manière, Tati est lui aussi un « concept store ». Le grand magasin le moins
cher de Paris existe depuis plus de cin-
quante ans et on reconnaît de loin son
damier rose et blanc sur lequel est inscrit
en bleu le mot « TATI » (presque tout le
monde porte un sac de cette marque dans
le quartier africain). L'entrée du Tati mariage se trouve au 5, rue Belhomme et c'est
un plaisir de voir ces jolies femmes de
couleur essayer leur robe de mariée qui,

bien souvent, évoque une meringue ou
une barbe à papa. Les « sweet souvenirs »
sont vendus pour leur part au rayon confi-
serie dans des sachets roses et blancs,
bien sûr.

6   Architecture/Architektur/Architecture

**Headquarters of the French
Communist Party**
Parti Communiste Français (PCF)
2, Place du Colonel Fabien
75019 Paris
Tel: +33 1 40 40 12 12
www.pcf.fr
Métro: Colonel Fabien

An absolute must for architecture fans.
Oscar Niemeyer, the great Brazilian architect, drew up the plans for the concrete
building in the style of the 1960s. Unfortunately, he built almost nothing else in Europe.

Für den Architekturliebhaber ein Muss.
Den Betonbau im Stil der 1960er-Jahre
entwarf der große brasilianische Architekt
Oscar Niemeyer, der leider in Europa sonst
fast nichts gebaut hat.

Un must pour tous les amateurs d'architecture. Le bâtiment en béton dans le style
des années 1960 a été conçu par le grand
architecte brésilien Oscar Niemeyer, qui,
malheureusement, n'a presque rien construit en Europe.

Personal Finds/Eigene Entdeckungen/
Découvertes personnelles:

1 Shoes/Schuhe/Chausseur
Hoses

2 Vintage Fashion/Vintage Mode/Mode du vintage
Quidam de Revel

3 Vintage Furniture/Vintage Möbel/Ameublement du vintage
Dansk

4 Restaurant/Restaurant/Restaurant
Innamorati Caffé

5 Moroccan Restaurant/Marokkanisches Restaurant/Restaurant Marocain
Chez Omar

6 Restaurant/Restaurant/Restaurant
Le Potager du Marais

1 Restaurant/Restaurant/Restaurant
Ma Bourgogne

2 Museum/Museum/Musée
La Maison de Victor Hugo

3 Brasserie/Brasserie/Brasserie
Bofinger

4 Furniture Gallery/Möbel-Galerie/Galerie du meuble
Galerie Patrick Seguin

5 Fashion/Mode/Mode
Isabel Marant

6 Gallery/Galerie/Galerie
Galerie Emmanuel Perrotin

1 Tea/Tee/Thé
Mariage Frères

2 Dog accessories/Hunde-Accessoires/Accessoires pour chien
Un chien dans le Marais

3 Honey/Honig/Miel
Les Ruchers du Roy

4 Café/Café/Café
Les Philosophes

5 Bar/Bar/Bar
Au Petit Fer à Cheval

6 Museum/Museum/Musée
Maison Européenne de la Photographie

1 Fashion/Mode/Mode
Azzedine Alaïa

2 Retro Design/Retro Design/Design rétro
Fiesta Galerie

3 Tea/Tee/Thé
Le Palais des Thés

4 Handbags/Handtaschen/Sacs à main
Jamin Puech

5 Gallery/Galerie/Galerie
Galerie Yvon Lambert

6 Museum/Museum/Musée
Musée National Picasso

1 Restaurant/Restaurant/Restaurant
Benoît

2 Gallery/Galerie/Galerie
Galerie Nathalie Obadia

3 Museum/Museum/Musée
Atelier Brancusi

4 Restaurant/Restaurant/Restaurant
Georges

5 Fast food/Fastfood/Fastfood
L'As du Falafel

6 Bizarre showcase/Skurriles Schaufenster/Une vitrine bizarre
Aurouze

3e
& 4e
Arrondissements

Turbi

Arts-et-Métiers (M)

Étienne Marcel (M)

Rue

de

Rue Beaubourg

CH

(M) Les Halles

Rue Sébastopol

Rue Saint Martin

Rue

Temple Rue

Forum des Halles

ATELIER BRANCUSI

Rambuteau

(M) LE POTAGER DU MARAIS

Rue

des

Rue

Rambuteau

GEORGES

AUROUZE

Rue des Halles

Boulevard de

Rue

HÔTEL SAINT MERRY

Rue du Renard

Rue

Rue du

FIESTA GALERIE

GALERIE NATHALIE OBADIA

AZZEDINE ALAÏA

Vie

Châtelet

Rue de

BENOIT

5 RUE DE MOUSSY

R. de Moussy

MARIAGE FRÈRES

(M)

Rivoli

Hôtel de Ville

R. du Bourg Tibourg

Rue

AU PE LES PH

HÔTEL BOURG TIBOURG

Quai de Gesvres

Bd. du Palais

Quai de l'Hôtel

Quai de

l'Hôtel de Ville

LES R DU RO

UN CHIEN DANS LE MARAIS

ÎLE DE LA CITÉ

S E I N E

(M) Pon M

Cathédrale Notre-Dame

ÎLE ST-LOUIS

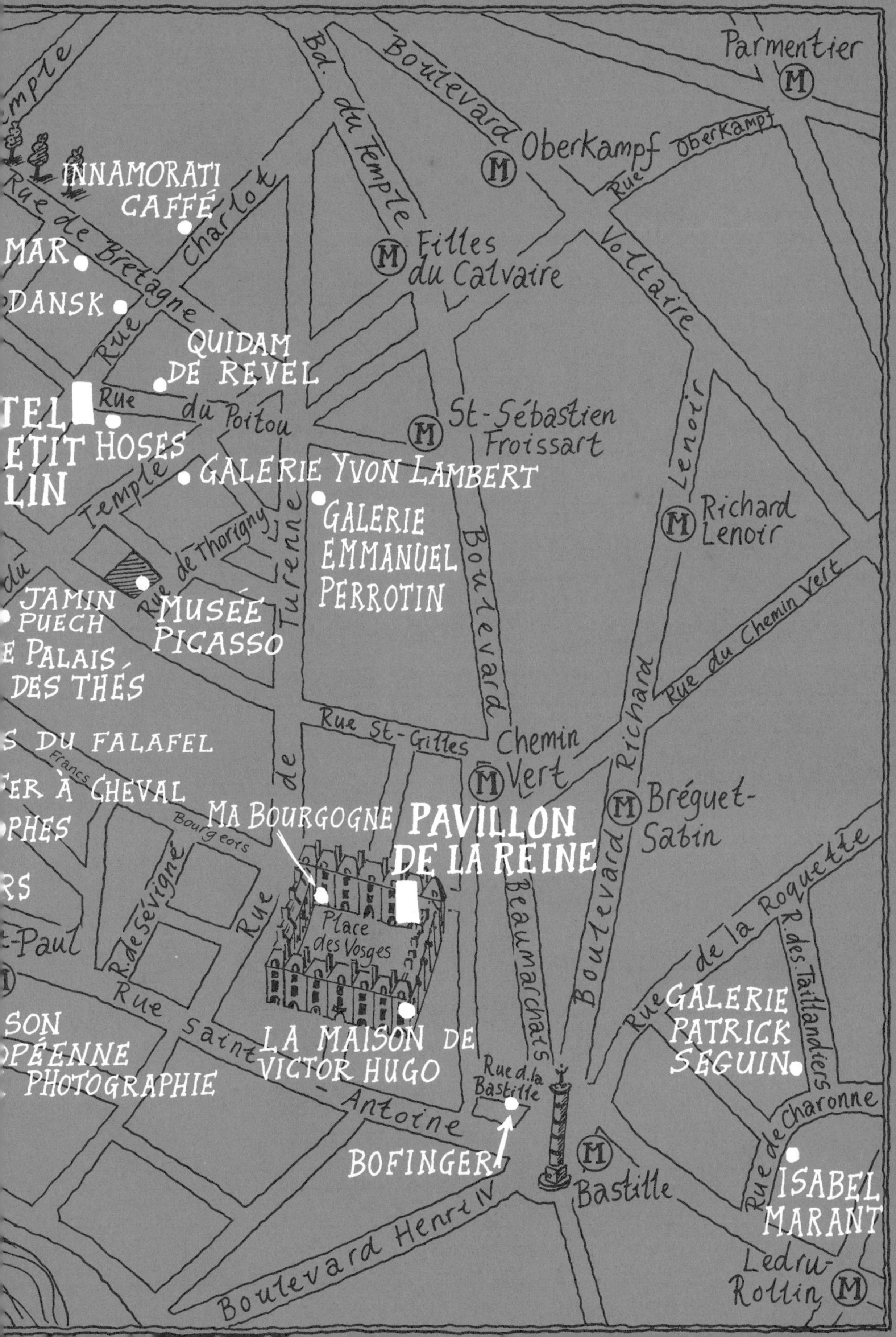

Parmentier

Ⓜ

Boulevard

Bd. du Temple

Oberkampf Oberkampf

Rue Oberkampf

INNAMORATI
CAFFÉ

Rue de Bretagne

Charlot

Voltaire

Ⓜ Filles
du Calvaire

MAR..

DANSK

Rue

QUIDAM
DE REVEL

du Poitou

Ⓜ St-Sébastien
Froissart

Lenoir

..TEL

..ETIT HOSES

..LIN

Rue

Temple

Rue de Thorigny

GALERIE YVON LAMBERT

GALERIE
EMMANUEL
PERROTIN

Rue de Turenne

Boulevard

Ⓜ Richard
Lenoir

Rue du Chemin Vert

..du

JAMIN
PUECH

..E PALAIS
DES THÉS

MUSÉE
PICASSO

Richard

..S DU FALAFEL

..ER À CHEVAL

..PHES

..RS

Francs

Bourgeois

Rue St-Gilles

Chemin
Ⓜ Vert

Boulevard

Ⓜ Bréguet-
Sabin

Rue de la Roquette

R. des Taillandiers

MA BOURGOGNE

PAVILLON
DE LA REINE

..t-Paul

Rue de Sévigné

Rue

de

Place
des Vosges

Beaumarchais

..SON

..PÉENNE

.. PHOTOGRAPHIE

Rue saint

LA MAISON DE
VICTOR HUGO

Rue d.la
Bastille

Antoine

BOFINGER

GALERIE
PATRICK
SEGUIN

Rue de Charonne

Ⓜ

Bastille

ISABEL
MARANT

Boulevard Henri IV

Ledru-
Rollin Ⓜ

Hôtel du
Petit Moulin

29–31, rue du Poitou, 75003 Paris
☎ +33 1 42 74 10 10   🖷 +33 1 42 74 10 97
contact@hoteldupetitmoulin.com
www.hoteldupetitmoulin.com
Métro: St-Sébastien Froissart/Filles-du-Calvaire
Booking: www.great-escapes-hotels.com

Hôtel du Petit Moulin

In the old days there used to be a bakery on the ground floor of this building. It was the oldest Boulangerie in Paris, where Victor Hugo himself is said to have bought his daily baguette. Keeping this inheritance in mind, fashion designer Christian Lacroix converted the building into one of the quirkiest hotels in the city. An inspired mixture of materials and patterns prevails in the 17 rooms – for example, Scandinavian fabrics in large flower design together with polka-dot carpets, combined with Christian Lacroix fashion sketches blown up as wall paper. The whole building reminds you of a doll's house and is one single fantasy, from the trompe l'œuil library in the lobby to the rooms, which range from kitsch decor to Zen flair, to modern design with Arne Jacobsen chairs. Lacroix's outstanding feeling for colour is shown to complete and wonderful advantage. Most of the rooms are petit, as are the chances of finding a room here, unfortunately. The hotel is nearly always fully booked.

Früher war im Erdgeschoss dieses Hauses eine Bäckerei untergebracht – es war die älteste „Boulangerie" von Paris, in der sogar Victor Hugo täglich seine Baguette gekauft haben soll. Dieses Erbe verpflichtet, und so verwandelte der Modemacher Christian Lacroix das Gebäude in eines der witzigsten Hotels der Stadt. In den 17 Zimmern herrscht ein inspirierender Mix von Materialien und Mustern; z. B. skandinavische großblumige Stoffe mit gepunkteten Teppichböden, dazu Modezeichnungen von Christian Lacroix zu Tapeten aufgeblasen an den Wänden. Das ganze Haus erinnert an eine Puppenstube und ist eine einzige Fantasie – von der Trompe l'œuil-Bibliothek in der Lobby bis zu den Räumen im Kitsch-Dekor, Zen-Flair oder modernem Design mit Arne Jacobsen- Stühlen. Das ausgezeichnete Farbgefühl von Lacroix kommt hier auf wunderbare Weise zur Geltung. Die meisten Zimmer sind „petit" – und das gilt leider auch für die Chancen, hier unterzukommen: Das Haus ist meist ausgebucht.

Le rez-de-chaussée de cette maison abritait autrefois une boulangerie, la plus ancienne de Paris, dans laquelle Victor Hugo lui-même serait venu chaque jour acheter sa baguette. Le couturier Christian Lacroix ne pouvait décidément pas rester insensible à cette histoire et il a transformé le bâtiment en l'un des hôtels les plus drôles de la capitale. Dans les 17 chambres règne un mélange inspirant de matières et de motifs ; par exemple des tissus scandinaves à grandes fleurs avec des moquettes à pois, et des dessins de mode de Lacroix devenus papier peint sur les murs. L'ensemble évoque une maison de poupée, une création pleine de fantaisie – de la bibliothèque enx trompe-l'œil du foyer aux espaces kitsch, à la touche zen ou au design moderne des chaises d'Arne Jacobsen. Le remarquable sens de la couleur de Lacroix est ici admirablement mis en valeur. La plupart des chambres sont petites – et les chances de réservation sont malheureusement tout aussi minces : l'hôtel affiche le plus souvent complet.

Rates: Single and double rooms 180 €, suites from 250 €, breakfast 15 €.
Rooms: 17 rooms in different designs.
Restaurants: Breakfast is taken at the vintage counter in the bar. Numerous bistros and restaurants are a short walk away.
History: The shop-window façade is listed for preservation. Inside the design hotel, opened in 2005, you experience modern haute couture as a life style.

Preise: Einzel-/Doppelzimmer 180 €, Suite ab 250 €, Frühstück 15 €.
Zimmer: 17 Zimmer in unterschiedlichen Designs.
Restaurants: Frühstück gibt es am Vintage-Tresen der Bar. In Fußnähe liegen zahlreiche Bistros und Restaurants.
Geschichte: Die Schaufenster-Fassade steht unter Denkmalschutz; im Inneren des 2005 eröffneten Design-Hotels erlebt man moderne Haute Couture zum Wohnen.

Prix : Chambre simple/double 180 €, suite à partir de 250 €, petit-déjeuner 15 €.
Chambres : 17 chambres différemment aménagées et décorées.
Restauration : Petit-déjeuner au comptoir vintage du bar. De nombreux bistros et restaurants sont accessibles à pied.
Histoire : La façade 1900 et l'enseigne sont classées monument historique. Hôtel design ouvert en 2005 – ici on peut évoluer dans un cadre Haute Couture.

1

2

3

1 Shoes/Schuhe/Chausseur

Hoses
41, rue du Poitou
75003 Paris
Tel/Fax: +33 1 42 78 80 62
www.hoses-limited.com
Métro: St-Sébastien Froissart/Filles-du-Calvaire

The photo stylist who owns this charming shop sells unbelievably beautiful shoes to her friends and all her other customers – including shoes made by Marc Jacobs, Avril Gau, TO & CO, Rupert Sanderson and Walk that Walk. The shop also sells distinctive bags and jewellery as well as out-of-the-ordinary fashion items.

Dieser hübsche Laden gehört einer Foto-Stylisten, die ihren Freunden und allen anderen Kunden hier traumhaft schöne Schuhe verkauft – zum Beispiel von Marc Jacobs, Avril Gau, TO & CO, Rupert Sanderson und Walk that Walk. Außerdem bekommt man Taschen und Schmuck, die nicht jeder hat, sowie ausgesuchte Mode.

Cette charmante boutique appartient à une styliste photo qui vend ici à ses amies et à tous ceux qui lui rendent visite des chaussures de rêve – par exemple des modèles de Marc Jacobs, Avril Gau, TO & CO, Rupert Sanderson et Walk that Walk. On y trouve aussi des sacs et des bijoux originaux ainsi qu'un choix d'articles de mode.

2 Vintage Fashion/Vintage Mode/Mode du vintage

Quidam de Revel
24, rue du Poitou
75003 Paris
Tel: +33 1 42 71 37 07
www.quidam-de-revel.com
Métro: St-Sébastien Froissart/Filles-du-Calvaire

The boutique, named after the champion stallion Quidam de Revel, is the place to find the best selection of vintage fashion by Yves Saint-Laurent, France's greatest fashion designer in the 20th century. The shop also has worthwhile designs by Pucci and French designers such as Guariche and Mategot. With a bit of luck, customers may also find attractive glassware items.

In der Boutique, die nach dem Ausnahmehengst Quidam de Revel benannt wurde, findet man die beste Auswahl an Vintage- Mode von Yves Saint-Laurent, dem größten französischen Modeschöpfer des 20. Jahrhunderts. Auf den Kleiderbügeln hängen außerdem lohnenswerte Entwürfe von Pucci und französischen Designern wie Guariche und Mategot. Wer Glück hat, findet zudem schöne Glaswaren.

Cette boutique qui porte le nom de Quidam de Revel, un étalon d'exception, offre la meilleure sélection de mode vintage d'Yves Saint-Laurent, le plus grand créateur de mode du 20e siècle. Elle abrite en outre des créations de Pucci et de designers français comme Guariche et Mategot à un prix avantageux. Ceux à qui la chance sourit y trouvent aussi de beaux objets en verre.

3 Vintage Furniture/Vintage Möbel/Ameublement du vintage

Dansk
31, rue Charlot
75003 Paris
Tel/Fax: +33 1 42 71 45 95
www.galeriedansk.com
Métro: Temple

The shop is testimony to the good taste of its Danish-French owners, Merete and Jean-Loup Basset, and sells Danish furniture dating from the 1950s to the 1970s. For example, the Gryden armchair designed by Arne Jacobsen in 1954 for the SAS Hotel Kopenhagen and well-known objects by Alvar Aalto, Verner Panton and Svend Middelboe.

Die kompetenten dänisch-französischen Besitzer Merete und Jean-Loup Basset zeigen hier ihren guten Geschmack und verkaufen dänische Möbel aus den 1950ern bis 1970ern. Zum Beispiel den Sessel „Gryden", den Arne Jacobsen 1954 für das SAS Hotel Kopenhagen entwarf, aber auch bekannte Objekte von Alvar Aalto, Verner Panton und Svend Middelboe.

Les propriétaires franco-danois Merete et Jean-Loup Basset, experts en la matière, font ici la preuve de leur bon goût. Ils vendent des meubles danois des années 1950 à 1970, par exemple le fauteuil « Gryden », créé en 1954 par Arne Jacobsen pour l'hôtel SAS de Copenhague, mais aussi des objets connus d'Alvar Aalto, Verner Panton et Svend Middelboe.

4 Restaurant/Restaurant/Restaurant

Innamorati Caffé
57, rue Charlot
75003 Paris
Tel: +33 1 48 04 88 28
Métro: Temple

With Innamorati Caffé the chef Salvatore has brought dolce vita all'italia to Paris. His home-made pasta has become one of the Marais residents' favourite dishes, and is served with a glass of red wine. The guests take a culinary jaunt for dessert and enjoy Black Forest gateau soaked in Amaretto. Closed on Sunday and Monday.

Im Innamorati Caffé bringt Chefkoch Salvatore dolce vita all'italia nach Paris. Seine hausgemachte Pasta gehört zu den Lieblingsgerichten der Marais-Bewohner und wird mit einem Glas Rotwein serviert. Zum Dessert unternehmen die Gäste einen kulinarischen Ausflug und essen in Amaretto getränkte Schwarzwälder Kirschtorte. Sonntag und Montag geschlossen.

La douceur de vivre à l'italienne est arrivée à Paris avec le chef Salvatore à l'Innamorati Caffé. Ses pâtes maison, servies avec un verre de vin rouge, font partie des plats préférés des habitants du Marais. Au dessert, mariage surprenant des origines et des saveurs, on savoure un forêt-noire imbibé d'amaretto. Fermé le dimanche et le lundi.

4   5   6

5   Moroccan Restaurant/Marokkani-
     sches Restaurant/Restaurant Marocain

Chez Omar
47, rue de Bretagne
75003 Paris
Tel: +33 1 42 72 36 26
Métro: St-Sébastien Froissart/Filles-du-
Calvaire/Temple

Has been a popular Moroccan restaurant
for many years, serving delicious couscous
in unpretentious surroundings devoid of
ethnic paraphernalia. The Marais residents
are not the only ones to appreciate the
simple and good fare – reservations are
recommended at weekends. Open daily.

Bereits seit Jahren ein beliebtes marokka-
nisches Restaurant, das leckeren Couscous in unprätentiöser Umgebung serviert
und auf folkloristischen Schnickschnack
verzichtet. Das einfache und gute Essen
schätzen nicht nur die Bewohner des
Marais – am Wochenende deshalb lieber
reservieren. Täglich geöffnet.

Un restaurant marocain apprécié depuis
des années pour son couscous exquis
servi dans un décor sans prétention qui
renonce aux effets folkloriques. Les habitants du Marais n'étant pas les seuls à
apprécier cette cuisine simple et bonne, il
vaut mieux réserver le week-end. Ouvert
tous les jours.

6   Restaurant/Restaurant/Restaurant

Le Potager du Marais
22, rue Rambuteau
75003 Paris
Tel: +33 1 42 74 24 66
Métro: Rambuteau

Tracking down a good vegetarian restaurant in Paris is not always easy, but voilà:
Le Potager du Marais can, thanks to its
light-green awnings, be seen from a dis-
tance. It serves unusual meatless dishes
made with purely organic ingredients. The
ambience of the small restaurant is simple
and pleasant (no smoking, no incense
sticks). Open daily.

In Paris ist es für Vegetarier nicht immer
einfach, ein gutes Restaurant zu finden,
aber voilà: Le Potager du Marais ist dank
seiner hellgrünen Markisen schon von
Weitem sichtbar und serviert originelle
fleischlose Gerichte aus rein biologischen
Zutaten. Das Ambiente des kleinen
Restaurants ist schlicht und angenehm
(keine Raucher, keine Räucherstäbchen).
Täglich geöffnet.

Les végétariens ont parfois bien du mal
à trouver un bon restaurant à Paris ; ils ne
chercheront plus. « Le Potager du Marais »,
visible de loin grâce à ses marquises vert
clair, sert des repas sans viande pleins
d'originalité à base d'ingrédients pur bio.
L'atmosphère du petit établissement est
sobre et agréable – ni fumée de cigarettes,
ni bâtons d'encens. Ouvert tous les jours.

Personal Finds/Eigene Entdeckungen/
Découvertes personnelles:

_____

_____

_____

_____

_____

_____

_____

_____

_____

_____

Pavillon de la Reine

28, Place des Vosges, 75003 Paris
☎ +33 1 40 29 19 19   ☐ +33 1 40 29 19 20
contact@pavillon-de-la-reine.com
www.pavillon-de-la-reine.com
Métro: Chemin Vert/Bastille
Booking: www.great-escapes-hotels.com

Pavillon de la Reine

Place des Vosges, created by Henry IV, is still the most beautiful square in Paris, large but somehow intimate. Madame de Sévigné strolled here, as did Racine, Molière and, of course, Victor Hugo, who lived in house number 6 (today the site of the Hugo Museum). The Pavillon de la Reine transports the visitor into former times – the romantic vine-covered hotel is tucked away in an idyllic green courtyard planted with red geraniums. The rooms are discreetly furnished in country style, and many still have the old ceiling beams from the 17th century. The lobby with its huge fireplace is especially cosy, and there is the fragrant smell of burning fir logs. The rooms are all decorated in different colours, such as red and ochre, pink and white or pale yellow, with special extras such as big mirrors, antique escritoires and iron-hinged chests. Only breakfast is served in the Pavillon de la Reine, but the Marais has such a plethora of restaurants that it is very difficult to decide on one.

Die von Heinrich IV. angelegte Place des Vosges ist nach wie vor der schönste Platz von Paris – mit Größe und gleichzeitig intimer Atmosphäre. Hier flanierten Madame de Sévigné, Racine, Molière und natürlich Victor Hugo, der im Haus mit der Nummer 6 wohnte (dort ist heute das Hugo-Museum untergebracht). Der Pavillon de la Reine versetzt Besucher wieder in alte Zeiten – das romantische Hotel steht zurückversetzt in einem idyllischen grünen Innenhof, ist mit roten Geranien geschmückt und von wildem Wein umrankt. Hier wohnt man in dezent im Landhausstil eingerichteten Räumen, von denen viele noch die alten Deckenbalken aus dem 17. Jahrhundert haben. Besonders die Lobby mit ihren riesigen Kaminen ist urgemütlich. Die Zimmer sind in unterschiedlichen Farben gehalten und bieten Extras wie große Spiegel, antike Sekretäre und eisenbeschlagene Truhen. Im Pavillon de la Reine kann man nur frühstücken, doch das Marais bietet so viele Restaurants, dass einem die Wahl fast schwer fällt.

C'est Henri IV qui décida de construire la Place des Vosges achevée en 1612. Madame de Sévigné, Racine et Molière se promenaient déjà sur cette place, à la fois spacieuse et intime, qui est restée la plus belle de Paris. Victor Hugo résida plus de seize ans au numéro 6 – il abrite aujourd'hui le musée qui lui est consacré. Le Pavillon de la Reine invite à la vie de château. Avec sa façade fleurie de géraniums et recouverte de vigne vierge, l'hôtel se dresse dans une cour verdoyante qui l'isole de la place et de son agitation. À l'intérieur, les pièces ont souvent conservé les poutres originales du 17e siècle, et sont aménagées comme dans un manoir. La réception et sa cheminée imposante où crépite un feu de sapin odorant est particulièrement accueillante. Les chambres offrent des teintes diverses, rouge et ocre, rose et blanc ou jaune clair et sont garnies de grands miroirs, de secrétaires anciens et de coffres ferrés. Le Pavillon de la Reine n'offre que le petit-déjeuner, mais les bons restaurants sont nombreux au Marais.

Rates: Single and double rooms from 350 €, suites from 640 €, breakfast from 20 €.
Rooms: 41 rooms and 15 suites.
Restaurants: There is an unusually large choice for petit déjeuner by Paris standards. The visitor can order a continental breakfast or help himself at the buffet.
History: The old part of the building originated in 1612. Excellent location.

Preise: Einzel-/Doppelzimmer ab 350 €, Suite ab 640 €, Frühstück ab 20 €.
Zimmer: 41 Zimmer und 15 Suiten.
Restaurants: Beim „petit déjeuner" ist die Auswahl größer als sonst in Paris üblich – man kann kontinentales Frühstück bestellen oder sich am Buffet bedienen.
Geschichte: Der alte Gebäudeteil stammt aus dem Jahr 1612. Erstklassige Lage.

Prix : Chambre simple/double à partir de 350 €, suite à partir de 640 €, petit-déjeuner à partir de 20 €.
Chambres : 41 chambres et 15 suites.
Restauration : Le petit-déjeuner est servi dans une salle voûtée décorée de tapisseries. On peut se servir au buffet ou commander un petit-déjeuner continental.
Histoire : L'ancienne partie du bâtiment date de 1612. Au cœur du Marais.

1   2   3

---

1   Restaurant/Restaurant/Restaurant

Ma Bourgogne
19, Place des Vosges
75004 Paris
Tel: +33 1 42 78 44 64
Métro: Bastille/Chemin Vert

A popular restaurant with guests who come back again and again – not just for the food but above all because of its location. One can sit under the arcades until late into the autumn (thanks to heat lamps) and enjoy the view across the wonderful Place des Vosges. Frisee lettuce salad with fried diced bacon and boiled leeks with vinaigrette are recommended. Locals love the typical French tartare, which is always freshly prepared.

Ein beliebtes Restaurant, zu dem man immer wieder zurückkehrt – wegen der Karte und vor allem auch wegen der Lage: Bis in den Spätherbst hinein (Wärmestrahlern sei Dank) sitzen die Gäste unter den Arkaden mit Blick auf die wunderschöne Place des Vosges. Empfehlenswert sind der Friséesalat mit gebratenem Speck und der gekochte Lauch mit Vinaigrette. Einheimische lieben auch den typisch französischen Tartar, der ganz frisch zubereitet wird.

Un restaurant apprécié à cause de son menu mais surtout à cause de son emplacement privilégié. Jusqu'à la fin de l'automne (la terrasse est chauffée), les clients peuvent en effet rester assis sous les arcades et admirer la superbe Place des Vosges. On recommande la salade de chicorée frisée aux lardons et le poireau vinaigrette, sans oublier le steak tartare typiquement français.

---

2   Museum/Museum/Musée

La Maison de Victor Hugo
6, Place des Vosges
75003 Paris
Tel: +33 1 42 72 10 16
www.musee-hugo.paris.fr
Métro: Bastille/Chemin Vert

The great French writer lived at Hôtel de Rohan-Guéménée at Place des Vosges from 1832 to 1848. This is where Victor Hugo began writing one of the world's greatest works of literature: Les Miserables. The hotel has housed a museum since 1902 that contains Hugo's manuscripts, the original editions, paintings, furniture, prints and sculptures. Even if the museum is somewhat gloomy and unspectacular, it is still worth a visit for anyone who loves French literature.

Der große französische Schriftsteller lebte von 1832 bis 1848 im L'Hôtel de Rohan-Guéménée an der Place des Vosges. Hier begann Victor Hugo 1845 eines der ganz großen Werke der Weltliteratur zu schreiben: „Les Miserables". Seit 1902 befindet sich im Haus ein Museum, das Hugos Manuskripte, die Originalausgaben, Gemälde, Möbel, Grafiken und Skulpturen bewahrt. Auch wenn es ein eher düsterer und unspektakulärer Ort ist, lohnt sich ein Besuch, wenn man die französische Literatur liebt.

Victor Hugo a loué de 1832 à 1848 un appartement au deuxième étage de l'hôtel de Rohan-Guéménée. C'est ici qu'il a commencé à écrire en 1845 « Les Misérables », une des œuvres majeures de la littérature. Depuis 1902 l'appartement abrite un musée qui rassemble les manuscrits, les éditions originales, les tableaux, les meubles, les estampes et les sculptures du maître. Une visite incontournable pour les amoureux de la littérature française.

---

3   Brasserie/Brasserie/Brasserie

Bofinger
5–7, rue de la Bastille
75004 Paris
Tel: +33 1 42 72 87 82
Métro: Bastille

Bofinger is the oldest brasserie in Paris – a legendary chacuterie and the city's first freshly drawn beer were served here back in 1864. Today the restaurant, a haunt of international and French film stars, is worth a visit for its wonderful orignal Art Nouveau interior and its excellent seafood. Unlike La Coupole, Bofinger is not a member of the Flo-Brasseries chain.

Bofinger ist die älteste Brasserie von Paris – 1864 bekam man hier eine legendäre Charcuterie und das erste frisch gezapfte Bier der Stadt. Heute sollte man das Restaurant wegen des wunderschönen originalen Jugendstil-Interieurs besuchen und sich hier die ausgezeichneten Meeresfrüchte bestellen, wie es auch französische und internationale Filmstars tun. Bofinger gehört im Gegensatz zum La Coupole u. a. noch nicht zur Kette der Flo-Brasseries.

Bofinger est la plus ancienne Brasserie alsacienne de Paris – en 1864 on pouvait y déguster une charcuterie légendaire et on y tirait la première bière pression de la capitale. Le restaurant vaut encore le détour pour son superbe décor Belle Époque d'origine. Les stars du cinéma français et international apprécient ses excellents plateaux de fruits de mer. Contrairement à La Coupole, Bofinger ne fait pas encore partie du groupe Flo.

---

4   Furniture Gallery/Möbel-Galerie/Galerie du Meuble

Galerie Patrick Seguin
5, rue des Taillandiers
75011 Paris
Tel: +33 1 47 00 32 35
Fax: +33 1 40 21 82 95
www.patrickseguin.com
Métro: Bastille/Ledru-Rollin

Recommended to anyone who likes modern French design – the gallery is devoted to 20th century French furniture and architecture. It has French classics by Jean Prouvé, Charlotte Perriand, Le Corbusier, Pierre Jeanneret, Serge Mouille, Alexandre Noll, Jean Royère and Georges Jouve on exhibition. Museum-like in style.

Ein guter Tipp für alle, die modernes französisches Design lieben, denn diese Galerie hat sich den Möbeln und der Architektur des 20. Jahrhunderts verschrieben. Sie zeigt französische Klassiker von Jean Prouvé, Charlotte Perriand, Le Corbusier,

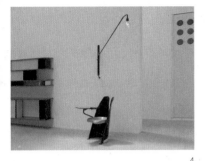

4

5

6

Pierre Jeanneret, Serge Mouille, Alexandre Noll, Jean Royère und Georges Jouve. Fast wie ein Museum.

Un bon tuyau pour tous ceux qui aiment le design moderne français, car cette galerie est vouée aux meubles et à l'architecture du 20e siècle. Elle expose des classiques français de Jean Prouvé, Charlotte Perriand, Le Corbusier, Pierre Jeanneret, Serge Mouille, Alexandre Noll, Jean Royère et Georges Jouve. Un musée ne pourrait faire mieux.

5   Fashion/Mode/Mode

Isabel Marant
16, rue de Charonne
75011 Paris
Tel: +33 1 49 29 71 55
Métro: Bastille/Ledru-Rollin

The French designer has made a name for herself in a market niche and creates garments with an ethnic touch that work well in an elegant and glamorous city like Paris. She has a second boutique in rue Jacob in the 6th Arrondissement.

Die französische Designerin hat sich in einer Marktnische etabliert und macht Kleidung mit einem Ethno-Touch, die sich gut in einer eleganten und glamourösen Großstadt wie Paris tragen lässt. Eine weitere Boutique besitzt sie in der rue Jacob im 6. Arrondissement.

La styliste française a trouvé son créneau et réalise des vêtements d'esprit ethnique mélangeant les belles matières naturelles et qui se laissent porter facilement dans une ville aussi élégante et glamour que Paris. Elle possède une autre boutique rue Jacob, dans le 6e.

6   Gallery/Galerie/Galerie

Galerie Emmanuel Perrotin
76, rue de Turenne
75003 Paris
Tel: +33 1 42 16 79 79
www.galerieperrotin.com
Métro: Chemin-Vert

The best gallery in Paris for contemporary art. The exhibits include works by Sophie Calle, Mariko Mori, Takashi Murakami, Terry Richardson and Peter Zimmermann. Anyone wanting to read about the gallery beforehand will find a good and detailed presentation of the gallery's most important exhibits on its website.

Die beste Galerie für zeitgenössische Kunst in Paris. Zu den Künstlern, die hier ausgestellt werden, gehören u. a. Sophie Calle, Mariko Mori, Takashi Murakami, Terry Richardson und Peter Zimmermann. Wer sich vorab informieren möchte, findet auf der Website eine gute und ausführliche Präsentation der wichtigsten Exponate.

La meilleure galerie d'art contemporain à Paris. De nombreux artistes y sont exposés dont Sophie Calle, Mariko Mori, Takashi Murakami, Terry Richardson et Peter Zimmermann. Celui qui désire des informations préalables trouve sur le site internet une présentation excellente et détaillée des objets les plus importants.

Personal Finds/Eigene Entdeckungen/
Découvertes personnelles:

Hôtel
Bourg Tibourg

19, rue du Bourg-Tibourg, 75004 Paris
☎ + 33 1 42 78 47 39   ☐ +33 1 40 29 07 00
hotel@bourgtibourg.com
www.bourgtibourg.com
Métro: Hôtel de Ville/St-Paul
Booking: www.great-escapes-hotels.com

Hôtel Bourg Tibourg

The Hôtel Bourg Tibourg belongs to the niece of Jean-Louis Costes (Hôtel Costes) and so it is not surprising that we can recognize Jacques Garcia's signature in the interior design. At first the rooms appear quite small and dimly lit, but looking more closely, we can see the mixture of colours, materials and styles which makes the hotel into a small gem. Bordeaux-red glows next to mauve, delicate silk cushions gleam next to heavy velvet curtains, French romantic jostles with neo-Gothic furniture and oriental accessories. My tip is the room on the top floor, facing the street, which has a small balcony for breakfast and from which you enjoy a magnificent view over the roofs of Paris. The petit dejeuner is a special insider tip – home-made jam, jars of yogurt, fresh fruit and the best croissants in Paris. A further major advantage: the hotel is ideally located for getting to places of interest, such as the Musée Picasso and the Centre Pompidou.

Das Hôtel Bourg Tibourg gehört der Nichte von Jean-Louis Costes (Hôtel Costes) und so ist es kein Wunder, dass das Interieur auch hier die Handschrift von Jacques Garcia trägt. Auf den ersten Blick sind die Zimmer recht klein und schummrig, doch wer genauer hinsieht, erkennt eine Mischung aus Farben, Materialien und Stilen, die das Haus zu einem kleinen Juwel macht: Da leuchtet Bordeauxrot neben Violett, feine Seidenkissen glänzen neben schweren Samtvorhängen, französische Romantik trifft auf neogotische Möbel und orientalische Accessoires. Mein Lieblingszimmer ist das, das in den oberen Etagen zur Straße liegt und ein Balkönchen zum Frühstücken hat, von dem man einen herrlichen Blick über die Dächer von Paris genießt. Das „petit déjeuner" ist ein kleiner Geheimtipp – dank hausgemachter Marmelade, Joghurt im Glas, frischen Früchten und den besten Croissants von Paris. Ein weiteres großes Plus: Das Hotel ist perfekt zu Sehenswürdigkeiten wie dem Musée Picasso und dem Centre Pompidou gelegen.

L'Hôtel Bourg Tibourg appartient à la nièce de Jean-Louis Costes (Hôtel Costes), et la décoration intérieure porte ici aussi la griffe de Jacques Garcia. Si les chambres semblent peu spacieuses et sombres au premier coup d'œil, on remarque rapidement le mariage de couleurs, de matières et de styles qui transforme la maison en un petit bijou : le bordeaux chatoie à côté du violet, des coussins de soie raffinés côtoient les lourds rideaux de velours, le romantique à la française fait bon ménage avec des meubles néogothiques et des accessoires orientaux. À l'étage, il y a une chambre qui donne sur la rue et possède un petit balcon où l'on peut prendre son petit-déjeuner en laissant son regard flâner avec délices sur les toits de Paris. Quant au petit-déjeuner : exquise confiture maison, yaourt en petit bocal, fruits frais et les meilleurs croissants de Paris – vous voici dans le secret. Autre avantage de taille : l'hôtel est situé à proximité du Musée Picasso, du Centre Pompidou et du Musée Carnavalet.

Rates: Single rooms from 160 €, double rooms from 220 €, suites € 350, breakfast 14 €.
Rooms: 30 rooms and 1 suite.
Restaurants: The hotel only provides breakfast. There are many bistros and restaurants in the immediate neighbourhood.
History: Opened 2002 and a stylish place to take note of.

Preise: Einzelzimmer ab 160 €, Doppelzimmer ab 220 €, Suite 350 €, Frühstück 14 €.
Zimmer: 30 Zimmer und 1 Suite.
Restaurants: Das Hotel serviert nur Frühstück. In der unmittelbaren Umgebung gibt es zahlreiche Bistros und Restaurants.
Geschichte: 2002 eröffnet und ein stilvolle Adresse, die man sich merken sollte.

Prix : Chambre simple à partir de 160 €, chambre double à partir de 220 €, suite 350 €, petit-déjeuner 14 €.
Chambres : 30 chambres et 1 suite.
Restauration : Petit-déjeuner uniquement. Mais de nombreux bistros et restaurants se trouvent à proximité.
Histoire : Hôtel de charme ouvert en 2002, une adresse à retenir.

1

2

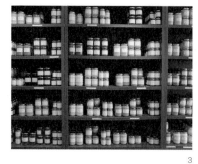

3

1   Tea/Tee/Thé

Mariage Frères

30/35, rue du Bourg-Tibourg
75004 Paris
Tel: +33 1 42 72 28 11
www.mariagefreres.com
Métro: Saint-Paul

Paris is just one of the places that has no better teas or a larger selection than those available here. The cakes and salads served with them are also excellent. The shop is even open on Sundays and sells superb scented candles with a hint of tea aroma - my favourite is the "Thé des Mandarins". Much as I like this shop, I prefer the Mariage Frères tea salon in the 6th Arrondissement (13, rue des Grands-Augustins) even more.

Besseren Tee in einer größeren Auswahl kann man nicht nur in Paris nicht bekommen, und auch die Kuchen und Salate, die dazu serviert werden, sind sehr gut. Das Geschäft ist sogar am Sonntag geöffnet und verkauft herrliche Duftkerzen mit Teenoten – mein Favorit ist das Aroma „Thé des Mandarins". Noch lieber gehe ich allerdings in den Mariage Frères Teesalon im 6. Arrondissement (13, rue des Grands-Augustins).

Non seulement il est impossible de trouver à Paris un choix plus vaste des meilleurs thés du monde, mais les pâtisseries et les salades servis en accompagnement sont eux aussi délicieux. La boutique, ouverte le dimanche, vend de sublimes bougies parfumées au thé – l'arôme « Thé des Mandarins » est mon favori. Mais ce que je préfère c'est aller au salon de thé de la rive gauche, 13, rue des Grands-Augustins, dans le 6e.

2   Dog Accessories/Hunde-Accessoires/Accessoires pour chien

Un chien dans le Marais

35 bis, rue du roi de Sicile
75004 Paris
Tel: +33 1 42 74 30 06
www.unchiendanslemarais.com
Métro: Saint-Paul

A must for all dog owners. And anyone wanting to bring back a nice souvenir from Paris for a friend with a dog is certain to find something suitable here. Apart from classic items such as leashes and collars, the shop stocks distinctive "dog wear" for day and night – in every design conceivable.

Für Hundeliebhaber ein Muss. Und auch, wenn man einem Freund mit Hund ein schönes Paris-Souvenir mitbringen möchte, wird man hier mit Sicherheit fündig. Neben Klassikern wie Leinen und Halsbändern gibt es ausgefallene Hundekleidung für den Tag und die Nacht – in allen nur erdenklichen Designs.

À ne pas manquer si vous aimez les chiens. À moins que vous ne désiriez rapporter un joli souvenir de Paris à un cynophile avéré. À côté des classiques, laisses, harnais et colliers, la boutique offre aussi un choix incroyable de vêtements pour chien pour le jour et la nuit, adaptés à la saison et aux événements.

3   Honey/Honig/Miel

Les Ruchers du Roy

37, rue du Roi de Sicile
75004 Paris
Tel: +33 1 42 72 02 96
www.lesruchersduroy.com
Métro: Saint-Paul

A paradise for anyone with a sweet tooth: Les Ruchers du Roy has a range of exquisite honeys and also sells jams and mustard variations made with honey, as well as tea. Honey with a lavender or chestnut aroma melts in the mouth. All items bear the simple, classic French label, making them an attractive gift to take home.

Ein Paradies für Naschkatzen: Les Ruchers du Roy hat exquisiten Honig im Sortiment und verkauft auch Marmeladen und Senf-Variationen, die mit Honig hergestellt werden, sowie Tee. Auf der Zunge zergeht der Honig mit Lavendel- oder Kastanien-Aroma. Alle Einkäufe ziert das klassisch schlichte, französische Label und macht sie zu einem schönen Mitbringsel.

Le paradis des gourmets : la maison du miel vend bien sûr une vaste gamme de miels exquis et rares, mais aussi des confitures au miel, des moutardes au miel, des tisanes à l'ancienne et du pain d'épices. Le miel de lavande et de châtaignier fond sur la langue. Le sobre et classique label français orne tous les achats qui font ainsi un joli cadeau à rapporter.

4   Café/Café/Café

Les Philosophes

28, rue Vieille du Temple
75004 Paris
Tel: +33 1 48 87 49 64
www.cafeine.com
Métro: Saint-Paul

The café was opened in the turbulent 1970s and, despite all the changes, has kept the same name to the present day. It is just round the corner from several of the hotels recommended – so it's worth dropping in to try an "Aristotle" salad or the "Spinoza" tuna carpaccio. Let this food for thought inspire you to write postcards home. The WC is also worth a visit; it, too, offers a philosophical concept based on Kantian principles.

Das Café wurde in den wilden 1970ern eröffnet und hat, trotz einer wechselhaften Geschichte, seinen Namen bis heute behalten. Es liegt gleich um die Ecke von mehreren der vorgeschlagenen Hotels – also sollte man einmal hierherkommen, um einen Salat „Aristoteles" oder das Tunfisch-Carpaccio „Spinoza" probieren. So kommt man schnell in Denkerlaune und schreibt kreative Ansichtskarten nach Hause. Die Toilette ist ein Besuch wert, auch sie hat ein philosophisches Konzept nach Kant'schen Prinzipien zu bieten.

Ouvert dans les années 1970, le café a gardé son nom malgré une histoire mouvementée. Il est situé juste à côté de plusieurs hôtels proposés – rien de plus facile donc que de venir déguster ici une salade Aristote ou un carpaccio de thon Spinoza. L'esprit ainsi aiguisé, nous pourrons écrire des cartes postales inspirées à ceux qui sont restés au pays. Une visite aux toilet-

4

5

6

tes s'impose : elles offrent un concept ba-
sé sur les principes kantiens.

5   Bar/Bar/Bar

Au Petit Fer à Cheval
30, rue Vieille du Temple
75004 Paris
Tel: +33 1 42 72 47 47
www.cafeine.com
Métro: Saint-Paul

The mere sight of the small bar with a few
chairs on rue Vieille du Temple tempts
guests to take a seat, drink a beer and
watch life passing by. It owes its name to
the horseshoe-shaped bar made of brass,
where locals meet up to relax. The beautiful mosaic floor – its designer was inspired
by Victor Horta – contributes much to the
great charm of this delightful place.

Wenn man die kleine Bar mit ein paar
Stühlen auf der rue Vieille du Temple sieht,
möchte man sich dort sofort hinsetzen, ein
Bier trinken und das Treiben auf der Straße beobachten. Namensgeber des Lokals
war die hufeisenförmige Bar aus Messing,
an der sich fröhliche Gäste aus der Nachbarschaft treffen. Zum enormen Charme
dieser hübschen Location trägt auch der
schöne Mosaikboden bei, dessen Gestaltung von Victor Horta inspiriert wurde.

Lorsqu'on voit le petit café-restaurant et
ses quelques chaises dans la rue Vieille du
Temple, on désire aussitôt s'asseoir, boire
un verre et observer ce qui se passe autour
de nous. Le zinc en forme de fer à cheval a
donné son nom à ce point de rencontre des
joyeux drilles du quartier. Le très beau sol
en mosaïque inspiré des œuvres de Victor
Horta contribue à lui donner un charme fou.

6   Museum/Museum/Musée

Maison Européenne de la Photo-
graphie
5/7, rue de Fourcy (visitors' entrance)
75004 Paris
Tel: + 33 1 44 78 75 00
www.mep-fr.org
Métro: Saint-Paul/Pont Marie

The three-storey museum, designed by
Christian Liagre and built in 1996, has
temporary exhibitions on all major photo-
graphers – including Irving Penn, William
Klein, Robert Frank, Salgado, Jean-Loup
Sieff and Bettina Rheims. The building
also houses a well-stocked library, a video-
theque and charming small café designed
by Nestor Perkal.

Das von Christian Liagre 1996 gestaltete, dreigeschossige Museum zeigt wechselnde Ausstellung zu allen großen Foto-
grafen – darunter Irving Penn, William
Klein, Robert Frank, Salgado, Jean-Loup
Sieff und Bettina Rheims. Hier gibt es
außerdem eine gut ausgestattete Bibliothek, eine Videothek und ein kleines
hübsches Café, das von Nestor Perkal
gestaltet wurde.

Le musée de trois étages aménagé en
1996 par Christian Liagre présente des
expositions temporaires de tous les grands
photographes dont Irving Penn, William
Klein, Robert Frank, Salgado, Jean-Loup
Sieff et Bettina Rheims. Il abrite également
une bibliothèque bien fournie, une vidéo-
thèque, un auditorium et un charmant petit
café décoré par Nestor Perkal.

Personal Finds/Eigene Entdeckungen/
Découvertes personnelles:

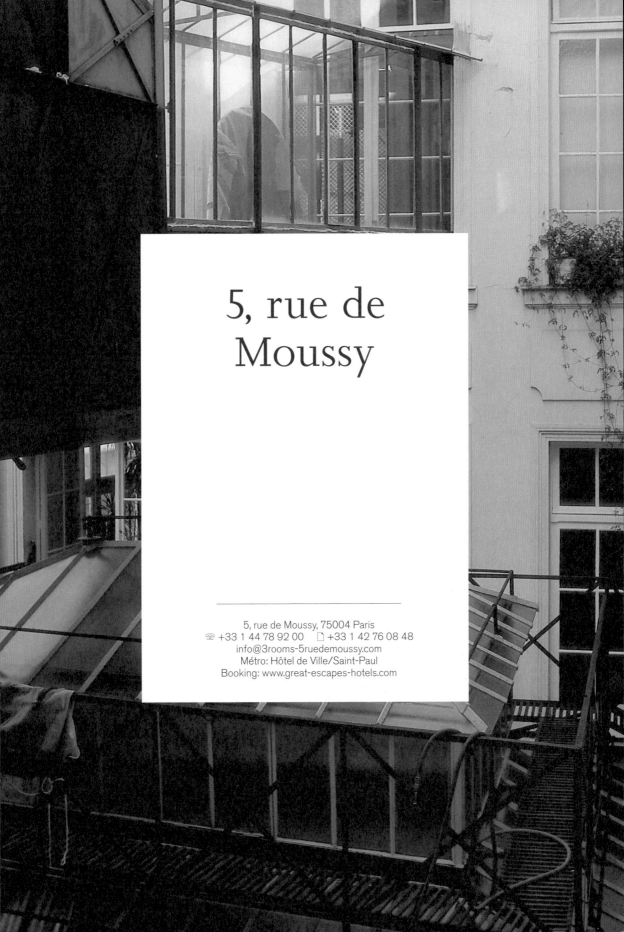

5, rue de Moussy

5, rue de Moussy, 75004 Paris
☎ +33 1 44 78 92 00   ☐ +33 1 42 76 08 48
info@3rooms-5ruedemoussy.com
Métro: Hôtel de Ville/Saint-Paul
Booking: www.great-escapes-hotels.com

5, rue de Moussy

Would you like to live in Paris à la parisienne and not feel like a tourist – in the heart of a fashionable quarter and in a designer apartment to make everyone green with envy? Then I recommend "5, rue de Moussy"; three apartments furnished by fashion designer Azzedine Alaïa with pieces from his own private, exquisite collection. Alaïa took this idea for unusual accommodation from friend, life-style expert Carla Sozzani, who opened "3 rooms 10 corso como" in Milan. In the Marais, next to his own boutique, and overlooking his workshop in the courtyard, he equipped three apartments of two or three rooms each with his designer furniture. You sit on Marc Newson armchairs, Pierre Paulin chairs and at Jean Prouvé tables, you switch on Serge Mouille lamps, and listen to music on Bang & Olufsen equipment. Smooth concrete floors and white walls give the apartments minimalist flair. Each apartment has a modern bathroom and a small kitchen.

Möchten Sie in Paris „à la parisienne" und nicht wie ein Tourist leben – mitten in einem Szeneviertel und in einer Designer-Wohnung, um die Sie jeder beneidet? Dann empfehle ich die „5, rue de Moussy"; drei Apartments, die der Modemacher Azzedine Alaïa mit Möbeln aus seiner privaten, exquisiten Sammlung ausgestattet hat. Die Idee zu diesen ungewöhnlichen Unterkünften bekam Alaïa von einer Freundin, der Lifestyle-Expertin Carla Sozzani, die in Mailand die „3 rooms 10 corso como" eröffnet hat. Mitten im Marais, neben seiner Boutique und mit seinem Atelier im Hinterhof, richtete er daraufhin drei Apartments mit je zwei bis drei Zimmern mit seinen Designer-Möbeln ein. Man sitzt auf Marc-Newson-Sesseln, Pierre-Paulin-Stühlen und an Jean-Prouvé-Tischen, knipst Serge-Mouille-Lampen an und hört Musik aus der Bang-&-Olufsen-Anlage. Glatte Betonböden und weiße Wände verleihen den Wohnungen minimalistisches Flair. Jedes Apartment besitzt ein modernes Bad und eine kleine Küche.

Vous désirez vivre à la « parisienne » dans un quartier vraiment typique et dans un appartement de designer que tout le monde vous enviera ? Alors je vous recommande les « 5, rue de Moussy », trois appartements que le styliste Azzedine Alaïa a meublés en puisant dans son exquise collection privée. Pour ces logements inhabituels, il s'est inspiré d'une amie, experte en lifestyle Carla Sozzani, qui avait ouvert à Milan « 3 rooms 10 corso como ». À coté de sa boutique et de son atelier dans l'arrière-cour, situés au cœur du Marais, il a aménagé trois appartements de deux à trois pièces avec ses meubles design. Vous serez assis dans des fauteuils de Marc Newson, sur des chaises de Pierre Paulin et à des tables de Jean Prouvé, vous allumerez des lampes de Serge Mouille et écouterez de la musique avec des appareils de Bang & Olufsen. Les sols lisses en béton et les murs blancs confèrent aux appartements une ambiance minimaliste. Chaque appartement possède une salle de bains moderne et une petite cuisine.

Rates: 400 € for 1 person, 450 € for 2 people, 500 € for 3 people, breakfast 25 €.
Rooms: 3 apartments with 2 to 3 rooms each (living room, 1 to 2 bedrooms, bathroom, kitchen).
Restaurants: You can have breakfast brought to the apartment in the morning, cater for yourself in the afternoon and evening, or go out for dinner in the Marais.
History: Opened in 2004 and much sought-after since. Urgently recommended to book well in advance.

Preise: 400 € für 1 Person, 450 € für 2 Personen, 500 € für 3 Personen, Frühstück 25 €.
Zimmer: 3 Apartments mit je 2 bis 3 Zimmern (Wohnzimmer, 1 bis 2 Schlafzimmer, Bad, Küche).
Restaurants: Morgens kann man ins Apartment Frühstück bestellen, mittags und abends selbst kochen oder im Marais essen gehen.
Geschichte: 2004 eröffnet und seitdem immer heiß begehrt. Unbedingt rechtzeitig reservieren!

Prix : 400 € pour 1 personne, 450 € pour 2 personnes, 500 € pour 3 personnes, petit-déjeuner 25 €.
Chambres : 3 appartements de 2 ou 3 pièces (salle de séjour, 1 ou 2 chambres, salle de bains, cuisine)
Restauration : On peut se faire monter le petit-déjeuner, préparer ses petits plats soi-même midi et soir ou prendre ses repas au Marais.
Histoire : Ouverts en 2004 et toujours très prisés. Réserver à l'avance !

1

2

3

1   Fashion/Mode/Mode

Azzedine Alaïa
7, rue de Moussy
75004 Paris
Tel: +33 1 40 27 85 58
Métro: Saint-Paul

The only visible outer sign of the shop's existence is a small bell. Its interior is a large loft, designed by the American artist Julian Schnabel. This is where Tunisian-born Azzedine Alaïa presents his latest creations. He found fame in the 1980s when stars such as Naomi Campbell and Madonna started wearing his figure-hugging creations. He has remained true to himself and his style to the present day. His small hotel is located next door: with three large, individual apartments furnished with items from his exclusive furniture collection. A delight for all aesthetes.

Kein Schaufenster, nur eine kleine Klingel weist auf den Laden. Man betritt ein großes Loft, das der amerikanische Künstler Julian Schnabel gestaltet hat und wo der gebürtige Tunesier Azzedine Alaïa seine neuesten Kreationen präsentiert. Berühmt wurde er in den 1980er-Jahren, als Stars wie Naomi Campbell oder Madonna seine körperbetonten Kreationen trugen. Bis heute bleibt er sich und seinem Stil treu. Gleich nebenan ist sein kleines Hotel untergebracht: mit drei großen, individuellen Apartments, die mit Stücken aus seiner exquisiten Möbelsammlung eingerichtet sind. Für alle Ästheten ein Genuss.

Seule une petite sonnette signale la présence de la boutique. On pénètre dans un vaste loft décoré par l'artiste américain Julian Schnabel et dans lequel Azzedine Alaïa présente ses nouvelles créations en restant fidèle à son style. Il est devenu célèbre au cours des années 1980 quand des stars comme Naomi Campbell et Madonna ont commencé à porter ses vêtements soulignant le corps. Juste à côté, son petit hôtel particulier abrite trois grands appartements aménagés avec des meubles de sa collection. Un plaisir pour les esthètes.

2   Retro Design/Retro Design/Design rétro

Fiesta Galerie
45, rue Vieille du Temple
75004 Paris
Tel: +33 1 42 71 53 34
www.fiesta-galerie.fr
Métro: Saint-Paul

Fiesta Galerie has a colourful assortment of objects in retro design, ranging from serious designer furniture to rare curiosities such as a Mickey Mouse telephone or a 1970s' jukebox with bread rolls that dance mechanically. It is difficult to leave the gallery, which is also open on Sundays, without having bought something. Anyone not wanting to be tempted is advised to confine themselves to surfing on the gallery's entertaining website.

Hier gibt es eine bunte Mischung an Retro-Design, von seriösen Designmöbeln bis zu seltenen Kuriositäten wie einem Mickey-Mouse-Telefon oder einer Musikbox aus den 1970ern, in der mechanisch Brötchen tanzen. Es ist schwer, die auch sonntags geöffnete Galerie zu verlassen, ohne ein Objekt gekauft zu haben. Falls man nicht in Versuchung geführt werden will, lieber nur auf der originellen Website surfen.

On trouve ici un mélange bigarré d'objets rétro, de meubles design sérieux et de curiosités telles un téléphone Mickey Mouse ou un juke-box des années 1970 sur lequel dansent des petits pains mécaniques du meilleur effet. Il est bien difficile de quitter la galerie, ouverte aussi le dimanche, sans avoir rien acheté. Mieux vaut se contenter de surfer sur le site Internet si on ne veut pas céder à la tentation.

3   Tea/Tee/Thé

Le Palais des Thés
64, rue Vieille du Temple
75004 Paris
Tel: +33 1 48 87 80 60
www.palaisdesthes.com
Métro: Saint-Paul

Barely 20 years ago, good tea was almost impossible to find in Paris – almost everyone drank coffee. This is why 50 tea connoisseurs established Le Palais des Thés, which now has branches as far afield as Beverly Hills and Tokyo. Visitors to the Paris shop can taste teas to their heart's content and purchase attractive accessories: teapots, cups, strainers and everything else needed to brew good tea.

Noch vor 20 Jahren gab es in Paris kaum gute Tees – man trank fast ausschließlich Kaffee. Deshalb gründeten 50 Teeliebhaber Le Palais des Thés, der mittlerweile sogar Filialen in Beverly Hills und Tokio besitzt. Im Pariser Laden kann man nach Lust und Laune Teesorten verkosten und hübsche Accessoires erstehen: Kannen, Tassen, Siebe, und was man sonst noch zur Zubereitung eines guten Tees so braucht.

Il y a une vingtaine d'années, on ne buvait pratiquement que du café à Paris, et trouver de bons thés était difficile. 50 amateurs de thé décidèrent alors de créer Le Palais des Thés qui possède aujourd'hui des filiales à Beverly Hills et à Tokyo. Dans la boutique parisienne on peut goûter tous les thés et acheter de jolies théières et des tasses, des passe-thés et des filtres, en bref tout ce qui est nécessaire à la préparation d'un bon thé.

4   Handbags/Handtaschen/Sacs à main

Jamin Puech
68, rue Vieille du Temple
75003 Paris
Tel: +33 1 48 87 84 87
www.jamin-puech.com
Métro: Saint-Paul

Benoît Jamin and Isabelle Puech have been famous for their handbags since the beginning of the 1990s – they sell their most beautiful models here in Paris (there is a second boutique in the 6th Arrondissement at 43, rue Madame). Anyone tired of the typical designer handbags will find individual baroque-inspired creations here. Hippy-look Jamin-Puech bags go with jeans, glamorous models are prefect for evening dress. The collection also includes purses.

4

5

6

Seit Anfang der 1990er sind Benoît Jamin und Isabelle Puech für ihre Handtaschen berühmt – die schönsten Modelle verkaufen sie hier in Paris (eine weitere Boutique besteht im 6. Arrondissement in der 43, rue Madame). Wer keine Lust mehr auf die üblichen Designertaschen hat, findet hier individuelle, barock inspirierte Kreationen. Im Hippielook passen die Jamin-Puech-Taschen zur Jeans, im Glamourlook zur großen Abendrobe. Ebenfalls im Sortiment: Portemonnaies.

Benoît Jamin et Isabelle Puech sont célèbres depuis le début des années 1990 pour leurs sacs à main, dont les plus beaux modèles sont vendus à Paris (leur autre boutique se trouve au 43, rue Madame dans le 6e). Celui qui est fatigué des sacs de designer trouve ici des créations originales d'inspiration baroque. Les sacs au look .hippie vont avec des jeans, les sacs glamour avec les robes du soir. Évidemment, on trouve ici aussi des porte-monnaie.

---

5   Gallery/Galerie/Galerie

Galerie Yvon Lambert
108, rue Vieille du Temple
75003 Paris
Tel: +33 1 32 71 09 33
E-Mail: galerie.yvon.lambert@wanadoo.fr
www.yvon-lambert.com
Métro: Filles-du-Calvaire

Opened in 1967, Yvon Lambert's gallery is now located behind the Musée Picasso. Lambert was one of the first gallery owners to exhibit Cy Twombly; further exhibits include works by Anselm Kiefer, Sol le Witt, Carl André, Douglas Gordon and Francis Alÿs. The gallery also features the photography of Christian Boltanski, Andres Serrano and Nan Goldin.

1967 eröffnet, befindet sich Yvon Lamberts Galerie nun hinter dem Musée Picasso. Lambert hat als eine der ersten Galeristen Cy Twombly vertreten, und zeigt ansonsten u. a. Anselm Kiefer, Sol le Witt, Carl André, Douglas Gordon, Francis Alÿs und konzentriert sich auf Fotografien wie Christian Boltanski, Andres Serrano und Nan Goldin.

Inaugurée en 1967, la galerie d'Yvon Lambert est maintenant située derrière le Musée Picasso. Lambert, l'un des premiers galeristes à avoir représenté Cy Twombly, expose aussi les travaux d'Anselm Kiefer, de Sol le Witt, Carl André, Douglas Gordon, Francis Alÿs et se concentre sur des photographes comme Christian Boltanski, Andres Serrano et Nan Goldin.

---

6   Museum/Museum/Musée

Musée National Picasso
Hôtel Salé
5, rue de Thorigny
75003 Paris
Tel: +33 1 42 71 25 21
www.musee-picasso.fr
Métro: St-Sébastien Froissart/
Chemin Vert

After his death in 1973, the family of Pablo Picasso made a gift of many of his works to the French state in order to avoid having to pay capital transfer tax. The Hôtel Salé, built in 1656, now houses 203 paintings, over 3,000 drawings and 80 ceramics – including a number of Picasso's masterpieces. The central theme of the permanent exhibition, which is structured chronologically, are Picasso's women – repeatedly the subject of his paintings: Olga, Dora, Marie-Thèrese, Françoise and Jacqueline. The beautiful floor lamps were specially designed by Diego Giacometti for the museum.

Nach dem Tod Pablo Picassos 1973 überließ seine Familie dem französischen Staat zahlreiche seiner Arbeiten und musste somit keine Erbschaftssteuer zahlen. Im 1656 erbauten Hôtel Salé sind nun 203 Gemälde, mehr als 3.000 Zeichungen und 80 Keramiken aufbewahrt – unter ihnen einige Meisterwerke. Angelpunkte der ständigen und chronologisch aufgebauten Ausstellung sind die Frauen Picassos, die er immer wieder porträtiert: Olga, Dora, Marie-Thèrese, Françoise und Jacqueline. Die Bodenlampen wurden von Diego Giacometti für das Museum gestaltet.

Après la mort en 1973 de Pablo Picasso, sa famille a cédé nombre de ses travaux à

l'État français pour payer les droits de succession. L'hôtel Salé construit en 1638 abrite aujourd'hui 203 peintures, plus de 3000 dessins et 88 céramiques – dont quelques chefs-d'œuvre. Les femmes de Picasso qu'il n'a cessé de peindre, Olga, Dora, Marie-Thérèse, Françoise et Jacqueline, sont le pivot de l'exposition permanente et aménagée de manière chronologique. Les superbes lustres ont été créés par Diego Giacometti.

Personal Finds/Eigene Entdeckungen/
Découvertes personnelles:

_____

_____

_____

_____

_____

_____

_____

_____

_____

_____

_____

_____

_____

_____

_____

_____

_____

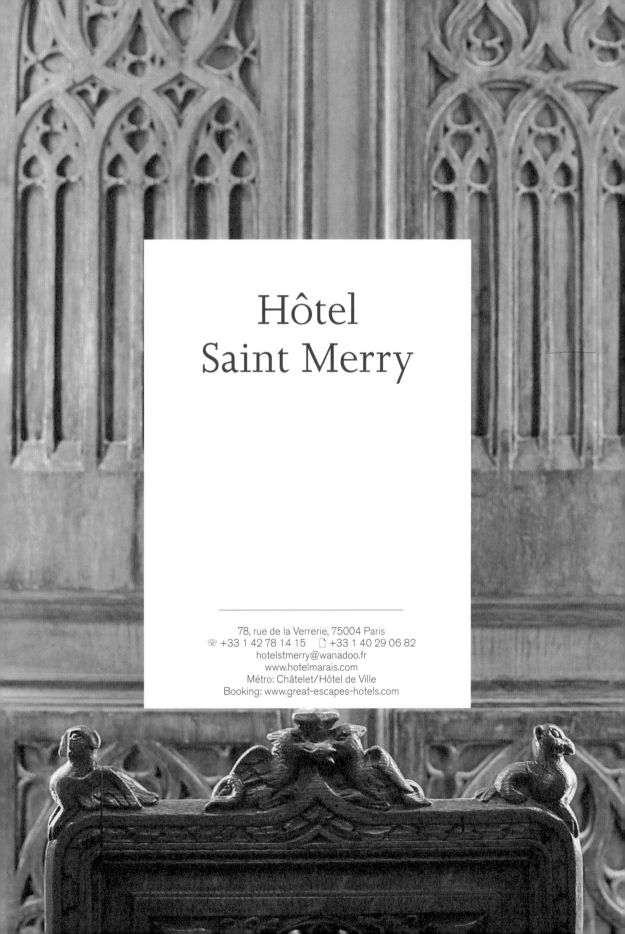

Hôtel
Saint Merry

78, rue de la Verrerie, 75004 Paris
☎ +33 1 42 78 14 15   +33 1 40 29 06 82
hotelstmerry@wanadoo.fr
www.hotelmarais.com
Métro: Châtelet/Hôtel de Ville
Booking: www.great-escapes-hotels.com

Hôtel Saint Merry

I have never seen such a quirky hotel before or since my visit. Suddenly there it is in the historical heart of Paris: The Hotel Saint Merry awaits its guests right next to the church Saint Merry, and celebrates Gothic in much the same way. So, the candlesticks are of cast iron, the wooden backrests of the chairs, the bed-heads, and the cupboards are intricately carved in dark brown wood. The substantial original beams can still be seen in most of the ceilings. The room with the massive Gothic flying buttresses of stone is especially impressive. The atmosphere in the building is of an almost unreal quiet and sacral. Only the suites have a television. It is much nicer in any case to attend one of the classical concerts which are regularly performed in the church next door. Or to visit the Centre George Pompidou around the corner, or the nearby galleries, or to wander through the pedestrian area in front of the hotel, or to order a café crème in a pavement café.

Ein solch skurriles Hotel habe ich weder vor noch nach dem Besuch wieder gesehen, völlig unerwartet steht es im historischen Herzen von Paris: Das Saint Merry erwartet seine Gäste direkt neben der Kirche Saint Merry und zelebriert wie diese die Gotik. So sind die Leuchter aus Eisen geschmiedet, die hölzernen Stuhllehnen, die Kopfenden der Betten und die Schränke filigran aus dunkelbraunem Holz geschnitzt. An den meisten Decken sind noch die originalen dicken Balken zu sehen. Besonders beeindruckend ist das Zimmer, durch das sich massive gotische Strebebögen aus Stein ziehen. Die Atmosphäre in diesem Gebäude ist von beinahe unwirklicher Ruhe und sakral. Nur die Suite besitzt einen Fernseher. Viel schöner ist es aber ohnehin, eines der klassischen Konzerte zu besuchen, die regelmäßig in der Kirche nebenan veranstaltet werden. Oder das um die Ecke liegende Centre George Pompidou und die nahen Galerien zu besuchen, in der Fußgängerzone vor der Tür zu bummeln, in einem Straßencafé einen Café Crème zu bestellen.

Ni avant ni après ma visite à Paris, je n'ai vu un hôtel aussi extraordinaire, situé d'une façon totalement inattendue dans le cœur historique de la capitale. Tout proche de l'église Saint Merry, cet hôtel du même nom est décoré comme celle-ci dans le style gothique. Les lustres sont en fer forgé, les dossiers de chaise, les montants de lit et les armoires sont finement ciselés en bois. La majorité des plafonds ont gardé leurs grosses poutres d'origine. D'autre part, la chambre aux arcs-boutants gothiques en pierre est particulièrement impressionnante. Dans ce bâtiment, il règne une atmosphère de sacré et de tranquillité presque irréelle. Seule la suite possède une télévision. Il est d'ailleurs beaucoup plus agréable d'aller écouter un de ces concerts classiques donnés dans l'église voisine. Ou de visiter le Centre Pompidou et les galeries toutes proches, de faire du shopping dans la zone piétonne devant l'hôtel ou, tout simplement, de s'asseoir à la terrasse d'un café pour déguster un café crème.

Rates: Single and double rooms from 160 €, suites from 335 €, breakfast 11 €.
Rooms: 11 rooms and 1 suite on its own floor.
Restaurants: The hotel does not have its own restaurant but serves a continental breakfast.
History: A rare gem in the 17th-century former presbytery of Saint Merry.

Preise: Einzel-/Doppelzimmer ab 160 €, Suite ab 335 €, Frühstück 11 €.
Zimmer: 11 Zimmer und 1 Suite auf ihrer eigenen Etage.
Restaurants: Das Hotel besitzt kein eigenes Restaurant, serviert aber kontinentales Frühstück.
Geschichte: Ein seltenes Schmuckstück im ehemaligen Pfarrhaus von Saint Merry aus dem 17. Jahrhundert.

Prix : Chambre simple/double à partir de 160 €, suite à partir de 335 €, petit-déjeuner 11 €.
Chambres : 11 chambres et 1 suite ayant son propre étage.
Restauration : L'hôtel ne possède pas de restaurant mais sert un petit-déjeuner continental.
Histoire : Petit joyau situé dans l'ancien presbytère de Saint Merry datant du 17e siècle.

1

3

---

1   Restaurant/Restaurant/Restaurant

Benoît
20, rue Saint Martin
75004 Paris
Tel: +33 1 42 72 25 76
Métro: Châtelet/Hôtel de Ville

Every mayor of Paris has eaten here since the restaurant opened in 1912. It is one of the last classic and authentic bistros in Paris – with patina on the walls and good, traditional French cuisine such as foie gras and homemade cassoulet (white bean stew with pork). However, guests also pay for the name – the food is comparatively expensive. Open daily.

Jeder Bürgermeister von Paris hat hier schon gegessen, seit das Restaurant 1912 gegründet wurde. Es ist eines der letzten klassischen und aùthentischen Bistros in Paris – mit Patina an den Wänden und traditioneller, guter französischer Küche wie Foie Gras und hausgemachtem Cassoulet (weißem Bohneneintopf mit Schweinefleisch). Hier zahlt man aber auch für den guten Namen – das Essen ist vergleichsweise teuer. Täglich geöffnet.

Ouvert en 1912, le restaurant a vu défiler tous les maires de Paris. C'est un des derniers authentiques bistrots parisiens – murs patinés par le temps, cuisine traditionnelle, par exemple foie gras chaud, cassoulet maison, jambon à l'os. La cave est à l'avenant. Mais on paie ici pour le nom car les notes sont relativement élevées. Ouvert tous les jours.

---

2   Gallery/Galerie/Galerie

Galerie Nathalie Obadia
3, rue du Cloître Saint-Merri
75004 Paris
Tel: +33 1 42 74 67 68
www.galerie-obadia.com
Métro: Rambuteau

One of the few good galleries of contemporary art in Paris. Exhibits include works by Albert Oehlen, Liz Craft, Manuel Ocampo, Fiona Ray, Ana Mendieta and Jessica Stockholder.

Eine der wenigen guten Galerien für zeitgenössische Kunst in Paris. Hier werden Künstler wie Albert Oehlen, Liz Craft, Manuel Ocampo, Fiona Ray, Ana Mendieta und Jessica Stockholder gezeigt.

Une des bonnes galeries parisiennes consacrées à l'art contemporain. Ouverte à cette adresse depuis 1995, elle expose les œuvres d'artistes comme Albert Oehlen, Liz Craft, Manuel Ocampo, Fiona Ray, Ana Mendieta et Jessica Stockholder.

---

3   Museum/Museum/Musée

Atelier Brancusi
Place Georges Pompidou
75004 Paris
Tel: +33 1 44 78 12 33
www.centrepompidou.fr
Métro: Rambuteau

The French sculptor Constantin Brancusi (1876 – 1957) bequeathed his Paris studio to the French state – on the condition that it was reconstructed in the Museum of Modern Art. Following several unsuccessful attempts, the Centre Pompidou was chosen as its location. Renzo Piano has reconstructed the studio here and today it contains many of the sketches and sculptures that made Brancusi and his modern, reduced forms famous.

Der französische Bildhauer Constantin Brancusi (1876 – 1957) vermachte sein Pariser Atelier dem französischen Staat – unter der Bedingung, es im Museum für moderne Kunst wieder aufzubauen. Nach mehreren fehlgeschlagenen Versuchen entschied man sich schließlich für das Centre Pompidou – hier hat Renzo Piano das Atelier rekonstruiert, in dem man heute Skizzen und Skulpturen des Meisters anschauen kann, den seine modernen, reduzierten Formen berühmt machten.

Le sculpteur français d'origine roumaine Constantin Brancusi (1876 – 1957) a légué son atelier à l'État français à la condition que le musée d'art moderne s'engage à le reconstituer. Après quelques essais infructueux, le choix est tombé finalement sur le Centre Pompidou. Dans l'atelier reconstruit par Renzo Piano, on peut contempler aujourd'hui des croquis et des sculptures du maître que ses formes réduites et modernes ont rendu célèbre.

---

4   Restaurant/Restaurant/Restaurant

Georges
Centre Pompidou, 6th floor
Place Georges Pompidou
75004 Paris
Tel: +33 1 44 78 47 99
Métro: Rambuteau

Located on the 6th floor of the Centre Pompidou, the restaurant has a breathtaking view across Paris – and this is also its principal attraction. The sculptural alu-minium elements created by the designers Dominique Jacob and Brendan McFarlane attempt to create a counterpoint to the magnificent industrial architecture of the museum by Renzo Piano and Richard Rogers, unfortunately without success.

Im 6. Stock des Centre Pompidou untergebracht, eröffnet das Restaurant einen atemberaubenden Ausblick auf Paris – und der ist auch seine Hauptattraktion. Die skulpturalen Aluminium-Elemente der Designer Dominique Jacob und Brendan McFarlane versuchen, einen Kontrapunkt zur grandiosen Industriearchitektur des Museums von Renzo Piano und Richard Rogers zu setzen, leider mit Verfallsdatum.

Au niveau 6 du Centre Pompidou, le restaurant offre une vue à couper le souffle sur les toits de Paris – et c'est aussi son attrait majeur. Les sculptures creuses en aluminium des designers Dominique Jacob et Brendan McFarlane tentent bien de placer un contrepoint à la grandiose architecture industrielle de Renzo Piano et Richard Rogers, malheureusement tout cela date un peu.

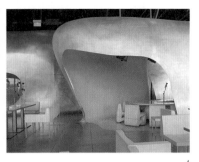

4

5

6

5   Fast food/Fastfood/Fastfood

L'As du Falafel

34, rue des Rosiers
75004 Paris
Tel: +33 1 48 87 63 60
Métro: Saint-Paul

There is a falafel snack bar almost every 20 metres on rue des Rosiers – this one is the best. It has fast food that is healthy and tasty; this is the right place for anyone wanting to stop feeling hungry quickly without spending a lot of money.

Entlang der rue des Rosiers kommt man beinahe alle 20 Meter an einem Falafel-Laden vorbei – dieser hier ist der beste. Das Fastfood ist gesund und lecker; wer auf die Schnelle satt werden und nicht viel Geld ausgeben möchte, ist hier genau richtig.

De tous les restaurants à emporter que l'on trouve tous les 20 mètres dans la rue des Rosiers, celui-ci offre les meilleurs fallafels de Paris. Sinon la cuisine proposée est légère et délicieuse. Une bonne adresse pour manger rapidement et ne pas dépenser beaucoup.

6   Bizarre showcase/Skurriles Schaufenster/Une vitrine bizarre

Aurouze

La Boutique
8, rue des Halles
75001 Paris
Tel: +33 1 40 41 16 20
www.aurouze.fr
Métro: Châtelet/Les Halles

Not a shop for the faint-hearted: Stuffed rats and mice perform a last dance in the shop window of the specialist for "Destruction des animaux nuisibles". A wide range of different rat traps are suspended above the dancing rodents – not to be missed.

Dieser Laden ist nichts für schwache Nerven: Im Schaufenster des Spezialisten für „Destruction des animaux nuisibles" führen ausgestopfte Ratten und Mäuse einen letzten Tanz auf. Darüber hängen Ratten-

fallen in diversesten Ausführungen – muss man gesehen haben.

Au fronton du magasin, on peut lire en lettres d'or « Destruction des animaux nuisibles ». Il vaut mieux avoir les nerfs solides pour contempler la vitrine derrière laquelle des rats et des souris empaillés mènent une dernière danse macabre. Au-dessus des bestioles sont suspendus des modèles de pièges en tout genre – cela vaut vraiment le coup d'œil.

Personal Finds/Eigene Entdeckungen/
Découvertes personnelles:

_____

_____

_____

_____

_____

_____

_____

_____

_____

_____

_____

_____

_____

_____

_____

_____

_____

_____

_____

_____

_____

_____

_____

_____

_____

_____

_____

_____

_____

_____

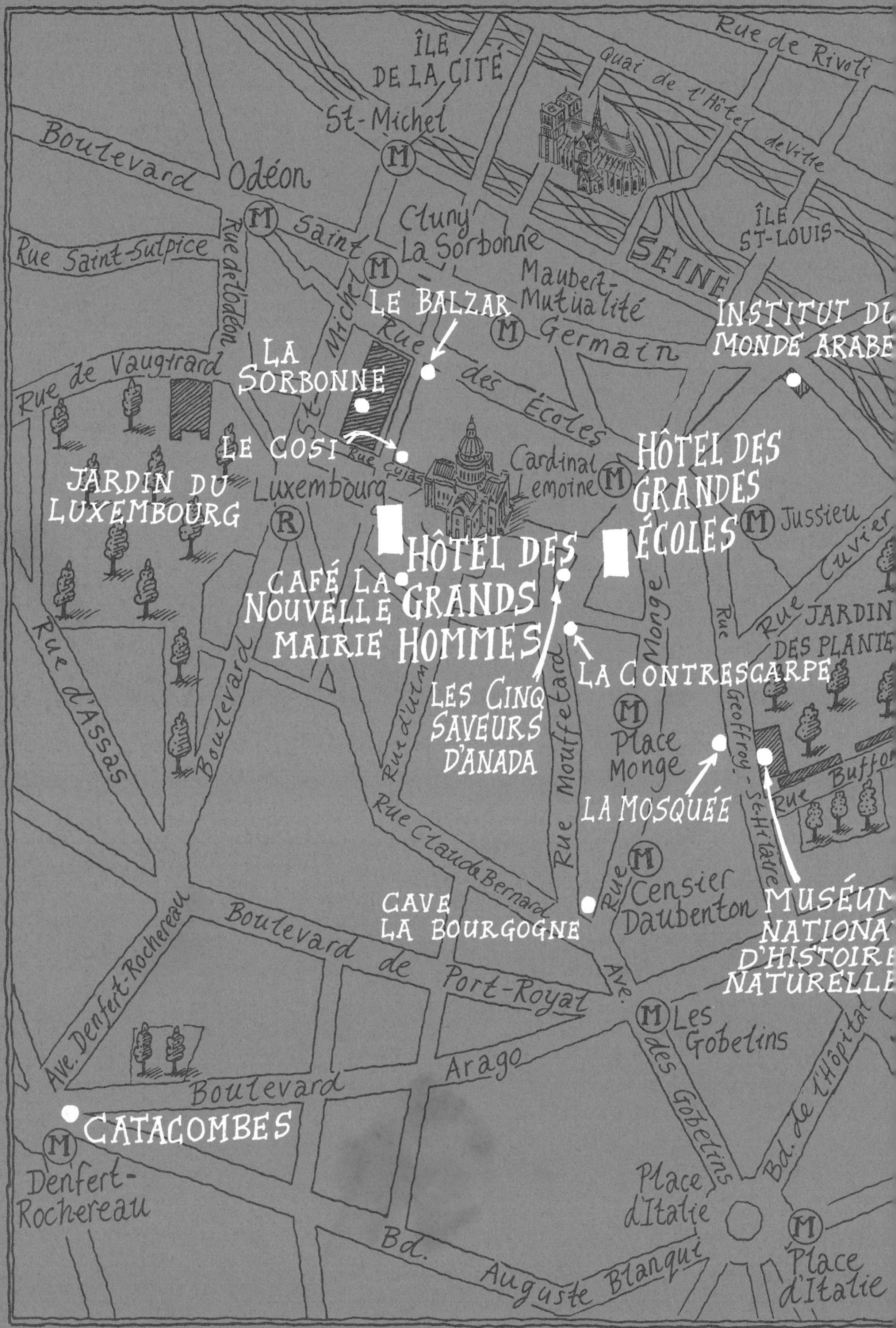

ÎLE DE LA CITÉ

St-Michel Ⓜ

Rue de Rivoli

quai de l'Hôtel de Ville

ÎLE ST-LOUIS

SEINE

Boulevard

Odéon Ⓜ

Rue Saint-Sulpice

Saint

Cluny La Sorbonne Ⓜ

Maubert-Mutualité Ⓜ

Germain

INSTITUT DU MONDE ARABE

LE BALZAR

Rue de Vaugirard

LA SORBONNE

Rue

de

l'Odéon

Rue

Saint

Michel

Rue des Écoles

Cardinal Lemoine Ⓜ

HÔTEL DES GRANDES ÉCOLES

Jussieu Ⓜ

Rue Cuvier

JARDIN DU LUXEMBOURG

LE COSI

Rue Cujas

Luxembourg Ⓡ

CAFÉ LA NOUVELLE MAIRIE

HÔTEL DES GRANDS HOMMES

LA CONTRESCARPE

Rue Monge

Rue

JARDIN DES PLANTES

Rue d'Ulm

Boulevard

Raspail

Rue d'Assas

LES CINQ SAVEURS D'ANADA

Rue Mouffetard

Place Monge Ⓜ

Geoffroy-St-Hilaire

Rue Buffon

LA MOSQUÉE

Rue Claude Bernard

CAVE LA BOURGOGNE

Rue

Censier Daubenton Ⓜ

MUSÉUM NATIONAL D'HISTOIRE NATURELLE

Boulevard Denfert-Rochereau

Boulevard de Port-Royal

Ave.

Boulevard

Arago

Ave. des Gobelins

Les Gobelins Ⓜ

Bd. de l'Hôpital

CATACOMBES

Denfert-Rochereau Ⓜ

Place d'Italie

Bd.

Auguste Blanqui

Place d'Italie Ⓜ

5e
Arrondissement

Hôtel des Grands Hommes

17, Place du Panthéon, 75005 Paris
☎ +33 1 46 34 19 60   📠 +33 1 43 26 67 32
reservation@hoteldesgrandshommes.com
www.hoteldesgrandshommes.com
Métro: Cardinal Lemoine/Cluny La Sorbonne
Booking: www.great-escapes-hotels.com

Hôtel des Grands Hommes

Name-dropping is half the fun at the fantastically located Hôtel des Grands Hommes. In 1920 André Breton, father figure of the surrealism movement, wrote his manifesto Les champs magnétiques ("The magnetic fields") here. The Panthéon opposite is the final resting place for many great Frenchmen, including Voltaire and Victor Hugo, not to mention Louise Braille, inventor of the Braille writing system for the blind. The majestic dome of the Panthéon is best seen from the rooms on the top floor, which have a magnificent view reaching as far as Sacré Cœur. All 31 rooms in the hotel have been completely refurbished and are consistently elegant in shades of colour ranging from mauve to brown and blue. The rooms with their own balcony or a small terrace can be especially recommended, where you can enjoy your breakfast with a breathtaking view. The Jardin du Luxembourg and the Sorbonne are just around the corner, and the artist and bohemian district of St-Germain des Prés can be easily reached on foot.

Im grandios gelegenen Hôtel des Grands Hommes ist „name dropping" schon fast die halbe Miete. Hier schrieb André Breton, der wichtigste Theoretiker des Surrealismus, 1920 sein Manifest „Les champs magnétiques" (Die magnetischen Felder), und im Panthéon direkt gegenüber sind einige der ganz großen Franzosen wie Voltaire und Victor Hugo beerdigt. Ebenso wie Louis Braille, der Erfinder der Blindenschrift. Die majestätische Kuppel des Panthéons sieht man am besten von den Zimmern im obersten Stockwerk aus – von dort aus reicht die Sicht sogar bis zu Sacré Cœur. Alle 31 Räume des Hotels wurden renoviert und sind elegant in Farbvariationen zwischen Mauve, Braun und Blau gehalten. Besonders empfehlenswert sind die Zimmer mit eigenem Balkon oder einer kleinen Terrasse, auf der es sich bei atemberaubendem Ausblick gemütlich frühstücken lässt. Gleich in der Nähe liegen der Jardin du Luxembourg, die Sorbonne und auch das Künstler- und Bohémienviertel St-Germain des Prés.

Les plus grands noms français sont descendus à l'hôtel des Grands Hommes, lequel bénéficie d'un excellent emplacement. C'est ici qu'André Breton, le théoricien le plus important du surréalisme, écrivit en 1920 son manifeste « Les champs magnétiques ». L'hôtel est situé en face du Panthéon où sont inhumées d'illustres personnalités comme Voltaire et Victor Hugo ou encore Louis Braille, l'inventeur de l'alphabet pour les aveugles. Les chambres du dernier étage, d'où l'on peut même distinguer le Sacré-Cœur, offrent une vue imprenable sur la coupole majestueuse du Panthéon. Les 31 chambres de l'hôtel ont été entièrement rénovées dans des tons mauve, marron ou bleu et sont meublées avec élégance. Celles avec balcon ou petite terrasse, où l'on peut prendre son petit-déjeuner en jouissant du panorama, sont à recommander particulièrement. Le Jardin du Luxembourg est situé à deux pas et il est également possible de se rendre à la Sorbonne à ainsi que dans le pied quartier bohème et artistique de St-Germain-des-Prés.

Rates: Single rooms from 90 €, double rooms from 180 €, breakfast 13 €.
Rooms: 31 rooms.
Restaurants: The hotel serves the original French breakfast. It is advisable to go to St-Germain des Prés for lunch and dinner.
History: Situated in an 18th-century building, renovated in Empire style in 2002.

Preise: Einzelzimmer ab 90 €, Doppelzimmer ab 180 €, Frühstück 13 €.
Zimmer: 31 Zimmer.
Restaurants: Das Hotel serviert original französisches Frühstück. Zum Lunch und Dinner am besten nach St-Germain des Prés gehen.
Geschichte: In einem Gebäude aus dem 18. Jahrhundert untergebracht. 2002 im Empire-Stil renoviert.

Prix : Chambre simple à partir de 90 €, chambre double à partir de 180 €, petit-déjeuner 13 €.
Chambres : 31 chambres.
Restauration : L'hôtel sert un petit-déjeuner typiquement français. On prendra de préférence son déjeuner et son dîner à St-Germain-des-Prés.
Histoire : Bâtiment datant du 18e siècle rénové en 2002 dans le style Empire.

1

2

3

1   Park/Park/Jardin public

Jardin du Luxembourg
Boulevard Saint-Michel
75006 Paris
Métro: Odéon/Luxembourg

The Jardin du Luxembourg is one of the most beautiful parks in Paris and the ideal place to take a break from the traffic of the city. To relax in appropriate style, I suggest you take a volume by Rilke, who described the park in his poems. Amateur boule players will always find others with the same interest here, lovers of history can admire the Palais du Luxembourg, built in 1615. Afterwards a picnic on the grass would be lovely, but unfortunately that is not allowed.

Der Jardin du Luxembourg ist einer der schönsten Parks von Paris und der ideale Ort, um in der autoreichen Stadt eine Pause einzulegen. Wer stilgerecht entspannen möchte, dem empfehle ich, einen Band von Rilke mitzunehmen, der den Park in seinen Gedichten beschrieben hat. Fans des Boulespiels finden hier immer Gleichgesinnte, Historiker können das Palais du Luxembourg aus dem Jahr 1615 bewundern. Anschließend wäre ein Picknick auf der Wiese schön – doch das ist leider verboten.

Un des plus beaux jardins de Paris et l'endroit idéal pour respirer un peu dans la ville où la circulation abonde. Celui qui veut se détendre dans les règles de l'art devrait y lire les poèmes de Rilke, familier du jardin. Ceux qui aiment jouer aux boules trouvent toujours des partenaires, les autres peuvent admirer le Palais du Luxembourg construit en 1615. On rêve d'un pique-nique sur le gazon – malheureusement c'est interdit.

2   Brasserie/Brasserie/Brasserie

Le Balzar
49, rue des Écoles
75005 Paris
Tel: +33 1 43 54 13 67
www.brasseriebalzar.com
Métro: Cluny-La Sorbonne

The Balzar has traditionally been a meeting place for the intellectual scene in Paris, where Sartre and Camus came to dine. The former proprietor wanted to make the restaurant into a second Lipp and engaged the same architect, who made use of large mirrors, dark wooden panelling and white and green tiles. The intimate art-deco ambience and the classic menu have remained consistently first-rate. Regular guests love the seafood platters, the choucroute, the steak-frites and the Sole Meunière.

Das Balzar ist seit jeher ein Treffpunkt der Intellektuellen von Paris; schon Sartre und Camus dinierten hier. Der frühere Besitzer wollte aus dem Lokal ein zweites Lipp machen und engagierte den gleichen Architekten, der mit großen Spiegeln, dunklen Holzvertäfelungen sowie weißen und grünen Fliesen arbeitete. Bis heute sind die intime Art-Déco-Atmosphäre und das klassische Menü unverändert gut: Die Stammgäste lieben die Meeresfrüchteplatten und den Choucroute, das Steak Frites und die Sole Meunière.

Le Balzar a toujours été le point de rencontre des intellectuels parisiens ; Sartre et Camus y déjeunaient déjà. L'ancien propriétaire voulait faire de l'établissement un second Lipp et engagea le même architecte qui travailla avec de grands miroirs, des boiseries sombres et un carrelage vert et blanc. Le décor Art Déco et la carte n'ont pas changé : les clients attitrés aiment le plateau de fruits de mer et la choucroute, le steak frites et la sole meunière.

3   University/Universität/Université

La Sorbonne
Rectorat de Paris
47, rue des Écoles
75005 Paris
Tel: +33 1 40 46 22 11
www.sorbonne.fr
Métro: Cluny-La Sorbonne/Cardinal Lemoine

France's most famous university was named after Robert de Sorbon, the chaplain and confessor of Saint Louis – he founded the Collège de Sorbon for poor theology students in 1257. Important decisions on the form Catholicism should take in France were made at the Sorbonne. Later, the university's power declined, and it was temporarily closed during the Revolution. Today's 12,000 students follow in the footsteps of such past scholars as Thomas Aquinas, Marie Curie and Luigi Colani. Guided tours for groups of at least 10 persons are available (booking 10 days in advance, 6 euros per person).

Die berühmteste Universität Frankreichs verdankt ihren Namen Robert de Sorbon, dem Hofkaplan Ludwigs des Heiligen – er gründete 1257 das „Collège de Sorbon" für arme Theologie-Studenten. In der Sorbonne wurden wichtige Entscheidungen für die Gestaltung des Katholizismus im Land getroffen, später verlor die Hoch- schule an Macht und wurde während der Revolution vorübergehend geschlossen. Heute wandeln in ihren Hallen 12.000 Studenten auf den Spuren von Absolventen wie Thomas von Aquin, Marie Curie und Luigi Colani. Führungen für Besucher sind ab 10 Personen möglich (Anmeldung 10 Tage vorher, 6 Euro pro Person).

La plus célèbre université de France doit son nom à Robert de Sorbon, le chapelain de saint Louis. Il fonda en 1257 le « Collège de Sorbon » destiné à accueillir les étudiants pauvres désireux d'apprendre la théologie. C'est à la Sorbonne que furent prises d'importantes décisions sur le rôle du catholicisme en France. Plus tard, l'université perdit de son pouvoir et fut fermée provisoirement pendant la Révolution. Aujourd'hui, douze mille étudiants se pressent dans les salles, suivant les traces de personnalités aussi illustres que Thomas d'Aquin, Marie Curie et Luigi Colani. Visites guidées à partir de 10 personnes (réservations 10 jours à l'avance, 6 euros par personne).

4   Restaurant/Restaurant/Restaurant

Le Così
9, rue Cujas
75005 Paris
Tel: +33 1 43 29 20 20

4

5

6

www.le-cosi.com
Métro: Cluny-La Sorbonne/Luxembourg

Corsica lies between the Sorbonne and the Panthéon – in culinary terms at least: At Le Così, which has terracotta-coloured walls and a rustic flair, its owner serves Mediterranean delicacies from his native Corsica. Guests should not miss the opportunity to purchase a jar of homemade jam – made by Olivier's mother in her kitchen in the Corsican village of Cateri. Closed on Sundays.

Korsika liegt zwischen der Sorbonne und dem Panthéon – zumindest kulinarisch gesehen: Im „Le Così", das terrakottafarbene Wände und ein rustikales Flair besitzt, serviert Besitzer Olivier die mediterranen Köstlichkeiten seiner Heimat. Man sollte nicht vergessen, ein Glas der selbstgemachten Marmelade zu erstehen – sie wird von Oliviers Mutter zuhause im korsischen Dorf Cateri hergestellt. Sonntag Ruhetag.

La Corse se trouve entre la Sorbonne et le Panthéon, du moins en ce qui concerne sa cuisine. Avec ses murs couleur terre cuite « Le Così » possède une ambiance rustique. Son propriétaire, Olivier, vous sert de savoureuses spécialités de son pays. En partant, n'oubliez pas d'acheter les confitures maison faites par la mère d'Olivier dans le village corse de Cateri. Fermé le dimanche.

---

5   Restaurant & Wine Bar/Restaurant & Wein-Bar/Restaurant & Wine Bar

Café La Nouvelle Mairie
19–21, rue des Fossés-Saint-Jacques
75005 Paris
Tel: +33 1 44 07 04 41
Métro: Luxembourg

The interior still conjures up the 1930s, the terrace looks out directly onto the romantic Place de l'Estrapade – a favourite rendezvous for couples. The cuisine of Café La Nouvelle Mairie is good French country fare (many of the ingredients are grown organically), best enjoyed with a glass of one of the restaurant's wonderful wines; prices are civilised – something much appreciated by its student patrons. Closed on Saturdays and Sundays and in August.

Das Interieur erinnert noch heute an die 1930er, von der Terrasse aus blickt man direkt auf die romantische Place de l'Estrapade, auf der sich gerne die Liebespärchen treffen. Die Karte des Café La Nouvelle Mairie bietet gute französische Landhausküche (viele Zutaten stammen aus biologischem Anbau), die mit wunderbaren Weinen im Glas und zu erschwinglichen Preisen angeboten wird – sehr geschätzt vom studentischen Publikum. Samstag/Sonntag Ruhetag; im August geschlossen.

L'intérieur a gardé son atmosphère des années 30. La terrasse donne directement sur la place romantique de l'Estrapade, le rendez-vous des amoureux. La carte du Café La Nouvelle Mairie offre des plats traditionnels (dont beaucoup des ingrédients sont bios) servis avec de très bons vins à des prix abordables. Très apprécié des étudiants. Fermé le samedi et le dimanche ainsi qu'en août.

---

6   Bistro/Bistro/Bistro

Cave la Bourgogne
144, rue Mouffetard
75005 Paris
Tel: +33 1 47 07 82 80
Métro: Censier Daubenton/Place Monge

An excellent place to go on a Sunday morning in Paris. After a stroll around the market on rue Mouffetard, this typical bistro with its wood-paneled entrance, mosaic floor and long bar is a place to relax, drink a glass of wine and enjoy typical French snacks. The pavement tables have a view of Saint Médard Church.

Ein prima Paris-Tipp für den Sonntag Vormittag: Nach einem Bummel über den Markt an der rue Mouffetard kann man in diesem typischen Bistro mit holzvertäfeltem Eingang, Mosaikboden und langem Tresen entspannen, ein Glas Wein trinken und köstliche französische Snacks bestellen. Von den Tischen auf dem Bürgersteig aus blickt man auf die Kirche Saint Médard.

Une bonne adresse pour un dimanche après-midi dans la capitale : après un petit tour sur le marché de la rue Mouffetard, vous pourrez vous détendre dans ce bistro typique avec ses boiseries à l'entrée, son sol en mosaïque et son grand comptoir, en buvant un verre de vin et en dégustant des snacks français. Depuis les tables sur le trottoir, on peut non seulement goûter au spectacle de cette rue très passante, mais admirer aussi l'église Saint-Médard.

Personal Finds/Eigene Entdeckungen/
Découvertes personnelles:

_____

_____

_____

_____

_____

_____

_____

_____

_____

_____

_____

_____

_____

Hôtel des Grandes Écoles

75, rue du Cardinal Lemoine, 75005 Paris
☎ + 33 1 43 26 79 23   □ +33 1 43 25 28 15
hotel.grandes.ecoles@wanadoo.fr
www.hotel-grandes-ecoles.com
Métro: Cardinal Lemoine/Place Monge/Jussieu
Booking: www.great-escapes-hotels.com

Hôtel des Grandes Écoles

Those who fall in love with this hotel return time and again. Here you can spend a country-style holiday in the heart of Paris. The Hôtel des Grandes Écoles is located in Montagne Sainte Geneviève, a pretty district around the church of the same name. "Scholarly places" like the Sorbonne and the Panthéon are only a few steps away. However, you do not feel greatly affected by the weight of so much intellectual and historical heritage. The pink building with its white shutters is tucked away well back from the main road, in a green courtyard with old trees, flowers and rhododendron bushes, as if the city were miles away. Flowered wallpaper, lace table clothes and chandeliers are the order of the day in the rooms. Some of them have their own bathrooms with tubs, others only a toilet and a shower, and not all have been redecorated. Families are welcome, a baby sitter can even be arranged on request, and the children can play in the garden far from the traffic.

Wer sich einmal in dieses Hotel verliebt hat, kommt immer wieder: Hier verbringt man mitten in Paris Ferien auf dem Lande. Das Hôtel des Grandes Écoles steht auf der Montagne Sainte Geneviève, einem hübschen Viertel rund um die gleichnamige Kirche – „Denkeradressen" wie die Sorbonne und das Panthéon sind nur ein paar Schritte entfernt. Von so viel intellektuellem und historischen Erbe spürt man hier aber wenig. Wie ein Cottage liegt das roséfarbene Gebäude mit seinen weißen Fensterläden, von der Straße weit zurück gelegen, in einem grünen Hof mit alten Bäumen, Blumen und Rhododendronbüschen – als ob die Großstadt meilenweit entfernt wäre. In den Räumen regieren Blümchentapeten, Spitzendeckchen und Kronleuchter. Manche Zimmer besitzen eigene Bäder, andere nur Toilette und Dusche, und nicht alle sind renoviert. Familien sind willkommen, auf Wunsch wird sogar ein Babysitter engagiert, und Kinder können fernab vom Verkehr im Garten spielen.

Situé au cœur de Paris, cet hôtel vous séduira par son cadre bucolique et vous n'aurez de cesse d'y revenir. L'Hôtel des Grandes Écoles est construit sur la Montagne Sainte-Geneviève, un quartier pittoresque autour de l'église du même nom, à quelques pas seulement de la Sorbonne et du Panthéon. Ressemblant à un cottage, son bâtiment de couleur rose aux volets blancs se trouve loin de la rue, au milieu d'un parc fleuri avec ses rhododendrons et ses arbres centenaires. On a l'impression d'être à mille lieues de la capitale et de son agitation. À l'intérieur, les tapisseries à fleurs, les napperons en dentelle et les lustres lui donnent un petit air champêtre. Certaines chambres possèdent une salle de bains, d'autres uniquement des douches avec toilettes, et toutes ne sont pas rénovées. Les familles sont les bienvenues et peuvent demander les services d'une baby-sitter. Les enfants joueront dans le parc loin de la circulation.

Rates: Single and double rooms from 105 €, breakfast from 8 €.
Rooms: 51 rooms (some suitable for up to 4 people).
Restaurants: The hotel is a classic B & B establishment. Many bistros and restaurants for lunch and dinner can be found in the Quartier Latin.
History: To all intents and purposes like a charming cottage, and run as a family business.

Preise: Einzel-/Doppelzimmer ab 105 €, Frühstück 8 €.
Zimmer: 51 Zimmer (einige für bis zu 4 Personen geeignet).
Restaurants: Das Hotel ist ein klassisches Bed & Breakfast; zum Mittag- und Abendessen finden sich im Quartier Latin zahlreiche Bistros und Restaurants.
Geschichte: Wie ein bezauberndes Cottage, das als Familienbetrieb geführt wird.

Prix : Chambre simple/double à partir de 105 €, petit-déjeuner 8 €.
Chambres : 51 chambres (certaines pouvant accueillir jusqu'à 4 personnes).
Restauration : L'hôtel propose uniquement le petit-déjeuner ; le déjeuner et le dîner pourront se prendre au Quartier Latin, bistros et restaurants étant légion.
Histoire : Charmant cottage de gestion familiale.

1

2

3

1 Architecture/Architektur/Architecture

Institut du Monde Arabe
1, rue des Fossés-Saint-Bernard
75005 Paris
Tel: +33 1 40 51 38 38
www.imarabe.org
Métro: Cardinal Lemoine/Jussieu

Jean Nouvel's masterpiece was opened in 1987 and combines modern glass-and-steel architecture with Arabian elements, whereby the designer intended to create a dialogue between the eastern and western worlds. The institute presents temporary exhibitions, owns a library and a cinema with the intention of making Arabian culture accessible. Both the restaurants on the 9th floor are worth a visit: Le Moucharabieh, with self-service, and Le Ziryab for the view.

Jean Nouvels Meisterwerk wurde 1987 eröffnet und kombiniert moderne Glas-Stahl-Architektur mit arabischen Elementen – der Designer wollte einen Dialog zwischen der östlichen und westlichen Welt darstellen. Das Institut zeigt wechselnde Ausstellungen, besitzt eine Bibliothek und ein Kino – all das soll zur Vermittlung der arabischen Kultur beitragen. Empfehlenswert sind auch die beiden Restaurants im 9. Stock, „ Le Moucharabieh" mit Selbstbedienung sowie das „ Le Ziryab", schon des Ausblicks wegen.

Inauguré en 1987, le chef-d'œuvre de Jean Nouvel qui voulait créer un dialogue entre l'orient et l'occident, marie l'architecture verre-acier moderne et les éléments arabes. L'institut abrite des expositions, une bibliothèque et un cinéma – tout cela doit contribuer à faire connaître la culture arabe. On peut recommander les deux restaurants situés au 9e étage : « Le Moucharabieh », un self-service, et, « Le Ziryab », rien que pour la vue.

2 Vegetarian Restaurant/Vegetarisches Restaurant/Restaurant végétarien

Les Cinq Saveurs d'Anada
72, rue du Cardinal Lemoine
75005 Paris
Tel: +33 1 43 29 58 54
www.anada5saveurs.com
Métro: Cardinal Lemoine

This is one of the few strictly macrobiotic restaurants in Paris and only suitable for convinced devotees. I personally like meals with tofu and seitan, but they are not everyone's cup of tea. After a crisp raw-vegetable salad, you should treat yourself to a double espresso in one of the cafés at the very pretty Place de la Contrescarpe nearby, and enjoy life. Les Cinq Saveurs is open daily.

Eines der wenigen streng makrobiotischen Restaurants in Paris und nur für überzeugte Anhänger geeignet. Ich mag Gerichte mit Tofu und Seitan; aber sie sind nicht jedermanns Geschmack. Nach einem knackigen Rohkostsalat sollte man sich einen doppelten Espresso in einem der Cafés an der nahen und wunderschönen Place de la Contrescarpe gönnen, und das Leben genießen. Das Les Cinq Saveurs ist täglich geöffnet.

Un des rares restaurants macrobiotiques à Paris et réservé aux adeptes convaincus, car tout le monde n'apprécie pas le tofu et le seitan. Après avoir mangé une assiette de crudités bien craquante on devrait s'offrir un double espresso dans un des cafés de la merveilleuse Place de la Contrescarpe toute proche, et se dire que la vie est belle. Ouvert tous les jours.

3 Café/Café/Café

La Contrescarpe
57, rue Lacépède
75005 Paris
Tel: +33 1 43 36 82 88
www.lacontrescarpe.com
Métro: Place Monge

The old plane trees and the gently cascading fountain give Place de la Contrescarpe a very romantic air. It is simply a pleasure to sit outside the café of the same name, watch life pass by or read the newspaper. However, orders should be confined to a cup of coffee, a beer or a menthe à l'eau – the food is not recommended.

Mit den alten Platanen und dem plätschernden Brunnen ist die Place de la Contrescarpe ein ganz romantischer Platz. Es ist einfach wunderschön, draußen von dem gleichnamigen Café zu sitzen, die Menschen zu beobachten oder Zeitung zu lesen. Man sollte hier allerdings nur einen Kaffee, ein Bier oder ein „menthe à l'eau" trinken – das Essen ist nicht empfehlenswert.

Avec ses vieux platanes et le clapotis de sa fontaine, la place de la Contrescarpe est un endroit vraiment romantique. C'est tout simplement merveilleux de s'asseoir à la terrasse du café du même nom, d'observer les gens ou de lire un journal. Contentez-vous cependant d'un café, d'une bière ou d'une menthe à l'eau – la nourriture n'est pas à recommander.

4 Museum/Museum/Musée

Muséum national d'Histoire naturelle
36, rue Geoffroy St-Hilaire
75005 Paris
Tel: +33 1 40 79 30 00
www.mnhn.fr
Métro: Censier Daubenton/Place Monge

Since the Hôtel des Grandes Écoles is an obvious choice when visiting Paris with children, you should take the opportunity to visit the city's natural history museum – which is a pleasure even without children. The "Grande Galerie de l'Evolution" in the main hall is especially impressive: evolution staged in three acts as the theatre of life, amazingly large and with dramatic lighting effects. There is always something new to learn about certain topics and animals interactively on the computer.

Da sich das Hôtel des Grandes Écoles anbietet, wenn man mit Kindern nach Paris fahren will, sollte man nicht versäumen, das Naturkundemuseum der Stadt zu besuchen (es ist aber auch ohne Kinder ein Vergnügen). Besonders die „Grande Galerie de l'Evolution" im Hauptsaal ist beeindruk-

kend – die Evolution als Theater des Lebens in drei Akten inszeniert, in atemberaubender Größe und mit dramatischen Lichteffekten. Immer wieder kann man interaktiv an Bildschirmen zu bestimmten Themen und Tieren Neues lernen.

L'Hôtel des Grandes Écoles étant indiqué pour ceux qui séjournent à Paris avec leurs enfants, il ne faut pas manquer de visiter le Muséum d'Histoire Naturelle qui devrait aussi leur plaire. La « Grande Galerie de l'Évolution » dans la salle principale est vraiment impressionnante – l'évolution y est mise en scène en trois actes avec des décors grandioses et des éclairages dramatiques. Les curieux peuvent consulter des programmes interactifs consacrés à certains thèmes et animaux.

5   Tearoom/Teesalon/Salon de thé

La Mosquée
39, rue Geoffroy St-Hilaire
75005 Paris
Tel: +33 1 43 31 38 20
www.la-mosquee.com
Métro: Censier Daubenton/Place Monge

A visit to La Mosquée is like a short trip to the Orient: Classics such as tagine and couscous are served at the restaurant with its delicate cedar-wood arches and soft cushions; the Salon de Thé in the inner courtyard is the perfect place to enjoy a thé à la menthe and sweet dates. Anyone in search of oriental souvenirs should take a stroll around the small souk followed by relaxation in the hamman (enquire about the opening times beforehand, they are different for men and women!).

Ein Besuch im La Mosquée ist wie eine kurze Reise in den Orient: Im Restaurant mit filigranen Zederholzbögen werden Klassiker wie Tagine und Couscous serviert. Am schönsten ist aber der Salon de Thé im Innenhof, er ist der perfekte Platz für einen „thé à la menthe". Wer orientalische Souvenirs sucht, bummelt am besten durch den kleinen Souk und entspannt anschließend im Hamam (vorher nach den Öffnungszeiten fragen, sie sind für Damen und Herren unterschiedlich!).

Une visite à « La Mosquée » est comme un voyage en Orient. Le restaurant, remarquable avec ses arcs en bois de cèdre très travaillés et ses confortables coussins, propose des classiques comme le tagine et le couscous et le salon de thé dans la cour est l'endroit idéal pour déguster un thé à la menthe accompagné de dattes. Si vous désirez des souvenirs orientaux, promenez-vous dans le petit souk, vous pourrez ensuite vous détendre au hammam (demandez à l'avance les heures d'ouverture qui ne sont pas les mêmes pour les hommes et pour les femmes).

6   Underworld/Unterwelt/Paris souterrain

Catacombes
1, Avenue du Colonel Henri Rol-Tanguy
75014 Paris
Tel: +33 1 43 22 47 63
www.catacombes.paris.fr
Métro: Denfert-Rochereau

An unusual attraction, which also appeals to children. At the end of the 18th century, for reasons of hygiene, bones and skulls were taken from the over-filled cemeteries of Paris and transported to the underground tunnels. The bones are still stacked today and can be seen in the passageways. The way through the underworld is rather eerie and creepy, but at some point you can see light at the end of the tunnel.

Eine ungewöhnliche Attraktion, die auch Kinder spannend finden. In die unterirdischen Tunnel brachte man Ende des 18. Jahrhunderts aus hygienischen Gründen Knochen und Schädel aus den überfüllten Friedhöfen von Paris. Die Gebeine sind noch heute aufgestapelt in den Gängen zu sehen. Der Weg durch die Unterwelt ist ein bisschen unheimlich und gruselig – aber irgendwann sieht man das Licht am Ende des Tunnels!

Un spectacle insolite qui peut aussi intéresser les adolescents. À la fin du 18e siècle, on commença à fermer les cimetières pour des raisons de salubrité publique et les restes de millions de Parisiens furent apportés dans ces souterrains. On peut voir aujourd'hui encore ces os et

ces crânes entassés. La visite des galeries donne la chair de poule – mais on finit quand même par revoir la lumière du jour.

Personal Finds/Eigene Entdeckungen/
Découvertes personnelles:

_____

_____

_____

_____

_____

_____

_____

_____

_____

_____

_____

_____

_____

_____

_____

_____

_____

_____

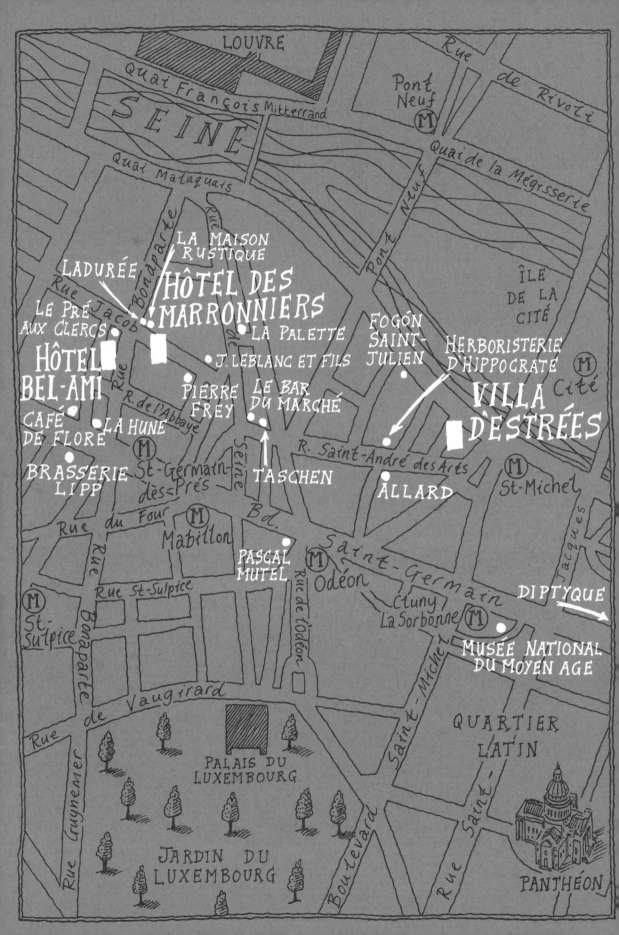

1   Museum/Museum/Musée
Musée national du Moyen Age

2   Fragrances/Düfte/Senteurs
Diptyque

3   Spanish Restaurant/Spanisches Restaurant/Restaurant espagnol
Fogón Saint-Julien

4   Restaurant/Restaurant/Restaurant
Allard

5   Herbs/Kräuter/Herboristerie
Herboristerie d'Hippocrate

6   Flowers/Blumen/Fleurs
Pascal Mutel

---

1   Books/Bücher/Livres
La Maison Rustique

2   Oil/Öl/Huiles
Huilerie Artisanale J. Leblanc et fils

3   Showroom/Showroom/Show-room
Pierre Frey

4   Restaurant/Restaurant/Restaurant
La Palette

5   Café/Café/Café
Le Bar du Marché

6   Books/Bücher/Livres
TASCHEN

---

1   Café/Café/Café
Café de Flore

2   Brasserie/Brasserie/Brasserie
Brasserie Lipp

3   Books/Bücher/Livres
La Hune

4   Children's wear/Kinderkleidung/Vêtements pour enfants
Petit Faune
(*Map on page 182*)

5   Sweets/Süßes/Confiserie
Ladurée

6   Café/Café/Café
Le Pré aux Clercs

6e
Arrondissement

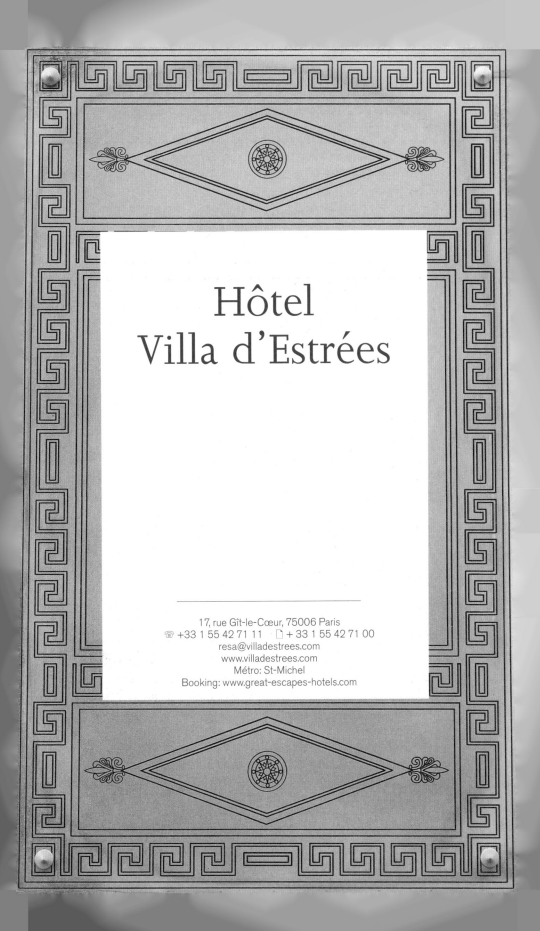

Hôtel
Villa d'Estrées

17, rue Gît-le-Cœur, 75006 Paris
☎ +33 1 55 42 71 11   📠 + 33 1 55 42 71 00
resa@villadestrees.com
www.villadestrees.com
Métro: St-Michel
Booking: www.great-escapes-hotels.com

Hôtel Villa d'Estrées

The Villa d'Estrées is a veritable gem: it is situated right in the heart of the bustling Quartier Latin near Place St. Michel and Notre Dame in a romantic and quiet side street. Traffic noise and the everyday hectic of Paris is quickly forgotten here. The style of the building is a tribute to Napoleon III and Baron Hausmann – there is a lot of dark wood, elegantly styled furniture and subdued colours. Black, mauve and red tones combine harmoniously. Everything has been designed in a very sophisticated and French-elegant style. Some of the 12 rooms may be a little too dimly lit for business people, but ideal for lovers. The heart of the building is the beautiful salon, where you can leaf through a magazine in comfort, or drink a cup of coffee. It is the personal service that makes the Villa d'Estrées so special – just ask and you will be given tips for sightseeing, for the theatre or a restaurant reservation.

Die Villa d'Estrées ist wirklich ein Juwel: Sie liegt mitten im lebendigen Quartier Latin nahe der Place St-Michel und Notre Dame in einer romantischen und ruhigen Seitenstraße – hier hat man den Autolärm und die Alltagshektik von Paris ganz schnell vergessen. Der Stil des Hauses ist eine Hommage an Napoléon III. und Baron Haussmann, man sieht viel dunkles Holz, schön geschwungene Möbel und gedämpfte Farben. Schwarz, Violett und Rottöne ergeben ein harmonisches Bild. Alles ist sehr sophisticated und französisch-elegant eingerichtet. Einige der 12 Zimmer sind vielleicht ein bisschen zu dunkel für Businessreisende, aber dafür für Liebespaare wie geschaffen. Herz des Hotels ist der schöne Salon, in dem man bequem in einem Magazin blättern oder einen Kaffee trinken kann. Was die Villa d'Estrées zu etwas ganz Besonderem macht, ist auch der persönliche Service – auf Anfrage bekommt man zum Beispiel Tipps fürs Sightseeing, einen Theaterbesuch oder eine Restaurantreservierung.

La Villa d'Estrées est un véritable petit bijou. Située au cœur du Quartier Latin, près de Notre-Dame et de la place Saint-Michel, elle se trouve dans une petite rue tranquille et romantique, à l'écart de la circulation et de l'agitation de la capitale. Avec ses boiseries sombres, ses meubles élancés et ses couleurs assourdies, le style de la Villa rend hommage à Napoléon III et au baron Haussmann. Les tons noirs, violets et rouges sont mariés harmonieusement. Tout y est très sophistiqué et élégant. Quelques-unes des 12 chambres sont peut-être un peu trop sombres pour des hommes d'affaires mais conviendront parfaitement aux amoureux. Le magnifique salon de l'hôtel est l'endroit idéal pour feuilleter confortablement un magazine ou déguster un café. La Villa d'Estrées est par ailleurs réputée pour son service personnalisé. Le personnel se fera un plaisir de vous donner tous renseignements sur les curiosités de la capitale, les pièces de théâtre et les réservations de restaurants.

Rates: Single and double rooms from 205 €, suites from 235 €, breakfast 10 €.
Rooms: 12 rooms and suites, comparatively large by Paris standards and all differently furnished.
Restaurants: Only breakfast is served in the Villa d'Estrées. The restaurants in the Quartier Latin are ideal for lunch and dinner.
History: Opened 2003 and still quite an insider tip.

Preise: Einzel-/Doppelzimmer ab 205 €, Suite ab 235 €, Frühstück 10 €.
Zimmer: 12 Zimmer und Suiten, die für Paris relativ groß und alle unterschiedlich eingerichtet sind.
Restaurants: In der Villa d'Estrées kann man nur frühstücken. Zum Lunch und Dinner bieten sich die Restaurants des Quartier Latin an.
Geschichte: 2003 eröffnet und noch ein kleiner Geheimtipp.

Prix : Chambre simple/double à partir de 205 €, suite à partir de 235 €, petit-déjeuner 10 €.
Chambres : 12 chambres et suites, relativement vastes pour Paris et toutes aménagées différemment.
Restauration : Seul le petit-déjeuner est servi à la Villa d'Estrées. Le Quartier Latin offre une foule de restaurants où l'on prendra les repas de midi et du soir.
Histoire : Ouvert en 2003, cet hôtel est encore une adresse privilégiée.

1

2

3

1 Museum/Museum/Musée

Musée national du Moyen Age
6, Place Paul Painlevé
75005 Paris
Tel: +33 1 53 73 78 00 / 1 53 73 78 16
www.musee-moyenage.fr
Métro: Cluny La Sorbonne/St-Michel/
Odéon

The museum is worth a visit just for its impressive medieval vaults. The centrepiece of the museum is the famous series of six tapestries dating from the 15th century (La Dame à la Licorne – The lady with the unicorn), which is exhibited in a rotunda specially built for this purpose. The museum's fine garden has been open to visitors since 2000. It contains a medieval medicinal herb garden growing the plants that can be seen on the tapestries.

Das Museum ist schon wegen der beeindruckenden mittelalterlichen Gewölbe ein Besuch wert. Zentrum des Hauses ist die berühmte Serie von sechs Wandteppichen aus dem 15. Jahrhundert („La Dame à la Licorne", Die Dame mit dem Einhorn), die in einer eigens für sie geschaffenen Rotunde gezeigt wird. Seit 2000 ist außerdem der Garten um das Museum zu bewundern, zu dem ein mittelalterlicher Heilkräutergarten gehört, in dem die Pflanzen wachsen, die auf den Teppichen zu sehen sind.

Si les voûtes sont impressionnantes, le point fort du musée est la célèbre « Dame à la Licorne », un cycle de six tapisseries murales du 15e siècle, présenté dans une rotonde conçue exclusivement pour lui. Depuis 2000 on peut admirer aussi le jardin d'inspiration médiévale qui entoure le musée. Les plantes qui poussent dans le « tapis mille fleurs » sont celles que l'on voit sur les tapisseries.

2 Fragrances/Düfte/Senteurs

Diptyque
34, Boulevard Saint-Germain
75005 Paris
Tel: +33 1 43 26 45 27

www.diptyqueparis.com
Métro: Maubert-Mutualité

This now famous shop opened in 1961 and its regular customers include Naomi Campbell, Karl Lagerfeld, the royal family of Monaco and Sophie Marceau. The shop has perfumes with unusual names such as Vinaigre de Toilette and Jardin Clos as well as 54 different fragrances of scented candles. The bestsellers are Figuier, Freesia, Gardénia, Rosa, Geranium and Cyprès. I particularly like the typographic design of all the Diptyque labels – simple black and white yet with a playful touch. Always an attractive gift.

Dieser inzwischen berühmte Laden wurde 1961 gegründet und zählt zu seinen Stammkunden Naomi Campbell, Karl Lagerfeld, die Fürstenfamilie von Monaco und Sophie Marceau. Hier erhält man Parfums mit ungewöhnlichen Namen wie „Vinaigre de Toilette" und „Jardin Clos" sowie Duftkerzen in 54 Duftnoten. Bestseller sind die Aromen Figuier, Freesia, Gardénia, Rosa, Geranium und Cyprès. Mir gefällt auch die typographische Gestaltung aller Diptyque-Etiketten – schwarz-weiß und zugleich mit spielerischer Note. Immer wieder ein schönes Mitbringsel.

Fondé en 1961, le magasin compte parmi ses fidèles Naomi Campbell, Karl Lagerfeld, la famille princière de Monaco et Sophie Marceau. On peut y acheter entre autres le « Vinaigre de Toilette », boisé et élégant et le « Jardin Clos » embaumant la jacinthe, ainsi que 54 senteurs florales et boisées pour la maison, en bougies ou vaporisateur. La calligraphie sobre des étiquettes – noir et blanc avec une note ludique – est inimitable.

3 Spanish Restaurant/Spanisches Restaurant/Restaurant espagnol

Fogón Saint-Julien
10, rue Saint-Julien-le-Pauvre
75005 Paris
Tel: +33 1 43 54 31 33
Métro: St-Michel/Cité/Maubert-Mutualité

The beautiful colonial interior of Les

Colonies, which was once a tea salon, has been left fully intact. Guests do not find themselves surrounded by Spanish folkloristic kitsch – seating and eating still conjures up Paris. The tapas, the pata negra ham and the various paellas are particularly recommended.

Das schöne koloniale Interieur des ehemaligen Teesalons „Les Colonies" wurde völlig intakt gelassen. Somit sitzt man hier nicht inmitten kitschiger spanisch-folkloristischer Umgebung, sondern is(s)t immer noch in Paris. Besonders die Tapas, der Schinken Pata Negra und die verschiedenen Paella-Variationen sind empfehlenswert.

Le bel intérieur aux ambiances coloniales de l'ancien salon de thé « Les Colonies » est resté intact. On n'est donc pas assis dans l'habituel décor folklorique qui caractérise tant de restaurants espagnols mais dans un plaisant décor bourgeois. Les tapas raffinées sont délicieuses ainsi que le jambon Pata Negra et les diverses variations de paëlla.

4 Restaurant/Restaurant/Restaurant

Allard
1, rue de l'Éperon (entrance)/
41, rue Saint-André-des-Arts
75006 Paris
Tel: +33 1 43 26 48 23
Métro: Odéon

This bistro has wonderful Parisian charm with patina – hardly anything has changed here since it opened in 1940. The French bourgeoisie loves this restaurant and its famous duck dish – the tender meat sinks under a mountain of aromatic olives. Closed on Sundays.

Dieses Bistro besitzt einen wunderbaren Pariser Charme mit Patina, denn seit der Eröffnung 1940 hat sich hier fast nichts verändert. Die einheimische Bourgeoisie liebt dieses Lokal und die berühmte Ente – das zarte Fleisch versinkt unter einem Berg aromatischer Oliven. Sonntag Ruhetag.

Ce bistrot possède un charme fou, avec son ambiance rétro. En effet, presque rien

4

5

6

n'a changé ici depuis l'ouverture en 1940. La clientèle bourgeoise vivant dans le voisinage aime cet établissement et son célèbre canard dont la chair tendre disparaît sous une montagne d'olives odorantes. Fermé le dimanche.

5   Herbs/Kräuter/Herboristerie

Herboristerie d'Hippocrate

42, rue Saint-André-des-Arts
75006 Paris
Tel: +33 1 40 51 87 03
Métro: Odéon

The shop stocks every kind of herb imaginable – wonderful gifts to take home. This is where I buy the verbena tea (verveine) that is often served in France after a meal. It is supposed to be good for the digestion and possess numerous other powers. The excellent herb mixtures that work well for a sore throat or insomnia can also be recommended.

In diesem Laden findet man alle Kräuter, die man sich nur vorstellen kann – wunderbar zum Mit-nach-Hause-Nehmen. Ich kaufe hier den in Frankreich oft nach dem Essen servierten Eisenkraut-Tee (Verveine), der gut für die Verdauung sein soll und noch zahlreiche weitere Kräfte besitzt. Aber auch die exzellenten und gut wirkenden Kräutermischungen gegen Halsschmerzen und Schlaflosigkeit sind empfehlenswert.

Cette herboristerie traditionnelle offre toutes les plantes imaginables. C'est le genre de choses légères qu'il est vraiment très facile de rapporter chez soi pour préparer de bonnes tisanes. J'achète ici la verveine odorante qui facilite la digestion après un bon repas, mais on peut également recommander les mélanges de plantes efficaces contre les maux de gorge et l'insomnie.

6   Flowers/Blumen/Fleurs

Pascal Mutel

17, rue des Quatre Vents
75006 Paris
Tel: + 33 1 56 81 00 25

www.christian-tortu.com
Métro: Odéon

Flower artist Christian Tortu has revolutionised the conventional bouquet and here, the young florist Pascal Mutel creates artistic compositions using unusual flowers, fruits, vegetables and plants. New plants never seen at other florists can always be found at his inspiring shop. There are pretty vases, glasses and scented candles on offer as well as specially made hand creams. Firming under his own name, Pascal Mutel runs another flower boutique in 95, rue des Courcelles.

Ganz im Sinne des Blumenkünstlers Christian Tortu verkauft der junge Florist Pascal Mutel hier kreative Kompositionen mit außergewöhnlichen Blumen, Früchten, Gemüsesorten und Gewächsen. In seinem inspirierenden Laden findet man immer wieder neue Pflanzen, die bei anderen Floristen nie zu sehen sind. Außerdem bietet er hübsche Vasen, Gläser und Duftkerzen sowie eigens produzierte Handcrèmes an. Eine weitere Boutique (und diese unter eigenem Namen) führt Pascal Mutel in der 95, rue des Courcelles.

Dans le même esprit que celui de Christian Tortu, qui a révolutionné l'art floral traditionnel, le jeune fleuriste Pascal Mutel vend ici des compositions originales avec des fleurs insolites, des fruits, des légumes et des branchages. On trouve dans son magasin des plantes toujours nouvelles, que l'on ne voit jamais chez d'autres fleuristes. Il s'intéresse aussi à l'art de vivre et vend des bougies parfumées, des services et du linge de table ainsi que des crèmes pour les mains fabriquées par ses soins. Pascal Mutel tient une autre boutique à son nom 95, rue des Courcelles.

Personal Finds/Eigene Entdeckungen/
Découvertes personnelles:

HOTEL DES
MARRONNIERS
★ ★ ★
St Germain des Prés
Paris

Hôtel des Marronniers

21, rue Jacob, 75006 Paris
☎ +33 1 43 25 30 60   ▢ +33 1 40 46 83 56
hotel-des-marroniers@wanadoo.fr
www.hotel-marronniers.com
Métro: St-Germain-des-Prés/Mabillon/Odéon
Booking: www.great-escapes-hotels.com

Hôtel des Marronniers

The Hôtel des Marronniers is fantastically located in rue Jacob, the most romantic street in St. Germain-des-Prés, and away from the tourist hustle and bustle. Now and again you should go and drink a coffee on the terrace of the nearby Café de Flore or Les Deux Magots, or eat a hareng al'huile in Lipp, as Hemingway did, and browse in the little antique shops in the vicinity. After a walk, the best way to relax is in the idyllic hotel garden, which feels très français with its gravel and its white wrought iron furniture. If the weather is good, it is open for breakfast. Most of the 37 rooms are plush and very small, but ask for a room on the top floor with a view over the leafy treetops to the church spire of St. Germain. The charm and the view make up for the small size, above all when you can leave the window open on warm nights.

Das Hôtel des Marronniers liegt fantastisch – in der romantischsten Straße von St-Germain des Prés, der rue Jacob, und etwas ab vom Touristenrummel. Man muss von dort aus ab und an einen Kaffee auf der Terrasse des nahe gelegenen Café de Flore oder Les Deux Magots trinken, im Lipp wie Hemingway einen hareng al'huile essen und sich in den kleinen Antiquitätenläden in der nächsten Umgebung umsehen. Nach einem Bummel entspannt man am besten im idyllischen Garten des Hotels, der mit seinem Kiesboden, weiß lackierten und geschwungenen Eisenmöbeln „très français" wirkt. Bei schönem Wetter ist er schon zum Frühstück geöffnet. Die meisten der 37 Zimmer sind plüschig und sehr klein – aber fragen Sie nach einem der Räume in den oberen Etagen mit Blick über die dicken Baumkronen auf die Kirchturmspitze von St-Germain. Ihr Charme und ihre Aussicht kompensieren die wenigen Quadratmeter, vor allem, wenn man in warmen Nächten die Fenster geöffnet lassen kann.

Situé rue Jacob, la plus romantique des rues de Saint-Germain-des-Prés, l'hôtel des Marronniers bénéficie d'un emplacement fantastique, à l'écart de l'agitation touristique. Vous trouverez pourtant à deux pas les Deux Magots ou le Café de Flore avec sa terrasse invitant à boire un café, le Lipp, où vous dégusterez comme Hemingway un hareng à l'huile, et une pléiade de petits magasins d'antiquités. Après votre shopping, la meilleure façon de vous détendre est de vous asseoir dans le jardin idyllique de l'hôtel – ambiance très française avec son gravier et ses tables et chaises en fer travaillé. Les jours de beau temps, on y sert le petit-déjeuner. À l'intérieur, la plupart des 37 chambres sont douillettes mais très petites, cependant si vous résidez aux étages supérieurs, vous jouirez d'une très belle vue par dessus les arbres sur la tour de l'église Saint-Germain. Le charme et la vue de ces chambres vous dédommageront du manque d'espace surtout si vous pouvez laisser ouvertes les fenêtres les nuits d'été.

Rates: Single rooms from 112 €, double rooms from 155 €, breakfast 12 €.
Rooms: 37 rooms.
Restaurants: The Hôtel des Marronniers only serves breakfast.
History: An hôtel de charme steeped in tradition, taking its name from the chestnut trees in the garden. Very pretty in summer – essential to book well in advance for this season.

Preise: Einzelzimmer ab 112 €, Doppelzimmer ab 155 €, Frühstück 12 €.
Zimmer: 37 Zimmer.
Restaurants: Das Hôtel des Marronniers serviert nur Frühstück.
Geschichte: Ein traditionsreiches „hôtel de charme", das seinen Namen den Kastanienbäumen im Garten verdankt. Sehr hübsch im Sommer und Herbst – zu dieser Jahreszeit unbedingt rechtzeitig reservieren.

Prix : Chambre simple à partir de 112 €, chambre double à partir de 155 €, petit-déjeuner 12 €.
Chambres : 37 chambres.
Restauration : L'hôtel des Marronniers ne sert que le petit-déjeuner.
Histoire : Un « hôtel de charme » riche en tradition, qui doit son nom aux arbres plantés dans le jardin. Très agréable en été, il faut réserver à l'avance pour cette saison.

1

2

3

1 Books/Bücher/Livres

La Maison Rustique

26, rue Jacob
75006 Paris
Tel: +33 1 42 34 96 60
www.lamaisonrustique-librairie.com
Métro: St-Germain-des-Prés/
Mabillon/Odéon

A bookshop specialising in books on gardens and interiors – it stocks over 10,000 books. A unique selection on these subjects and a place to spend hours browsing. The only drawback: Most of the books have illustrated plates, making them rather heavy.

Eine Buchhandlung, die sich auf Bücher über Gärten und Interieurs spezialisiert hat – im Sortiment sind mehr als 10.000 Titel. Eine einzigartige Auswahl zu diesen Themen, man kann hier stundenlang stöbern. Der einzige Wermutstropfen: Die meisten Werke sind Bildbände und leider schwer.

Spécialisée dans les livres sur les jardins, le jardinage et la décoration, cette librairie fondée en 1836 rassemble plus de 10.000 titres consacrés à ce sujet. On peut passer des heures à explorer cette sélection unique en son genre. Un seul problème : la plupart des volumes sont des albums illustrés assez lourds, donc peu commodes à transporter.

2 Oil/Öl/Huiles

Huilerie Artisanale J. Leblanc et fils

6, rue Jacob
75006 Paris
Tel/Fax: + 33 1 46 34 61 55
E-Mail: j.leblanc@huile-leblanc.com
www.huile-leblanc.com
Métro: St-Germain-des-Prés

The Leblanc family from Bourgogne has specialised in pressing different oils from seeds and fruits using a stone mill for over 120 years. Rarities can be bought here; the shop also sells aromatic mustard (e.g. mustard flavoured with honey) and vinegar with a cider or tarragon flavour.

Seit mehr als 120 Jahren hat sich die Familie Leblanc aus der Bourgogne darauf spezialisiert, in einer Steinmühle verschiedene Öle aus Samen und Früchten zu pressen. Hier bekommt man die seltensten Sorten; zudem aromatischen Senf (zum Beispiel mit Honig verfeinert) und Essig, der nach Cidre oder Estragon duftet.

Depuis plus de 120 ans, génération après génération, la famille Leblanc originaire de Bourgogne broie des graines et des fruits à l'aide d'une meule de pierre. On peut acheter ici les huiles les plus rares, ainsi que de la moutarde, par exemple au vinaigre balsamique et miel, et du vinaigre de cidre ou d'estragon.

3 Showroom/Showroom/Show-room

Pierre Frey

Showroom Rive Gauche
1–2, rue de Fürstenberg
75006 Paris
Tel: +33 1 46 33 73 00
www.pierrefrey.fr
Métro: Mabillon/St-Germain-des-Prés

When it was founded in 1935, the family business had just two looms; today it is a textile empire that operates worldwide – 70 per cent of its sales revenue is earned abroad. But in Paris, too, it's hard not to come across Pierre Frey's fabrics – there are over 7,000 different kinds. Hardly a hotel that does not have curtains or bedspreads made of the company's fabrics.

1935 wurde das Familienunternehmen mit gerade einmal zwei Webstühlen gegründet; heute ist es ein weltweit agierendes Stoffimperium, das 70 Prozent seines Umsatzes im Ausland macht. Aber auch in Paris kann man den mehr als 7.000 verschiedenen Stoffen von Pierre Frey fast nicht entkommen: Kaum ein Hotel, das seine Vorhänge oder Tagesdecken nicht mit einem Stoff aus diesem Hause herstellt.

L'entreprise familiale, fondée en 1935, ne possédait à l'origine que deux métiers à tisser. Aujourd'hui cet empire du tissu d'ameublement haut de gamme fait plus de 70 pour cent de son chiffre d'affaires à

l'étranger. Mais même à Paris, il est difficile d'échapper aux plus de 7000 tissus différents de Pierre Frey, pratiquement tous les hôtels les utilisant pour fabriquer leurs rideaux et leurs couvre-lits.

4 Restaurant/Restaurant/Restaurant

La Palette

43, rue de Seine
75006 Paris
Tel: +33 1 43 26 68 15
Métro: Odéon/St-Germain-des-Prés

Not much has changed since the restaurant was frequented by Picasso and Braque; this is particularly true of the waiters' manners. In true old-fashioned Parisian tradition they are not exactly obliging. This should not be taken personally but seen as part of the entertainment while watching the comings and goings of guests. The interior dates from 1935, the dishes of the day are always good. Open daily.

Es hat sich nicht viel geändert, seit Picasso und Braque hier einkehrten, vor allem nicht das Benehmen der Kellner: Sie sind nach altmodischer Pariser Tradition nicht unbedingt zuvorkommend. Fasst man das nicht persönlich auf, hat man hier seinen Spaß und beobachtet das Kommen und Gehen der Gäste. Das Interieur ist seit 1935 unverändert und die Tagesgerichte sind immer gut. Täglich geöffnet.

Peu de choses ont changé depuis l'époque où Braque et Picasso venaient manger ici, et surtout pas les garçons, toujours aussi peu affables, tradition parisienne oblige. Si on ne le prend pas personnellement, on jouit de l'ambiance et on peut regarder les clients aller et venir. Le décor est resté comme en 1935 et les plats du jour sont toujours excellents. Ouvert tous les jours.

5 Café/Café/Café

Le Bar du Marché

75, rue de Seine
75006 Paris
Tel: +33 1 43 26 55 15

4

5

6

video at www.paris-zoom.com
Metro: Mabillon/Odéon

Located at the corner of rue de Buci and
rue de Seine opposite the street market,
this actually rather ordinary café has become a hotspot for young, hip Parisians,
particularly at cocktail hour. But in the
mornings it is also an excellent place to
enjoy a cup of café crème while watching
life go by or to relax after a trip to
TASCHEN, located a little further along
rue de Buci.

An der Ecke rue de Buci/rue de Seine
gegenüber des Straßenmarktes gelegen,
ist dieses eher gewöhnliche Café zum
Hotspot der jungen, hippen Pariser geworden, vor allem zur Cocktail-Stunde.
Aber auch morgens lässt sich hier herr-
lich bei einem Café Crème das Treiben
beobachten – oder nach einem Besuch
des TASCHEN-Ladens entspannen, der
ein kleines Stück weiter an der rue de
Buci liegt.

Au coin de la rue de Buci et de la rue de
Seine, en face du marché, ce café sans
prétention est devenu la coqueluche des
jeunes Parisiens branchés, surtout à l'heure du cocktail. Mais le matin on peut aussi
y déguster un café crème en regardant les
passants ou se détendre après avoir visité
la boutique TASCHEN, située un peu plus
loin, rue de Buci.

6   Books/Bücher/Livres

TASCHEN
2, rue de Buci
75006 Paris
Tel: +33 1 40 51 79 22
www.taschen.com
Métro: Mabillon/Odéon

The shop, designed by Philippe Starck,
was opened in 2000. Here it does not feel
like being in the "belly of the architect", but
in the cave of the books! The shelves contain a wealth of fascinating TASCHEN
books, interspersed with other interesting
titles. Open daily, and until midnight on
Fridays and Saturdays.

Der vom Designer Philippe Starck gestaltete Laden wurde 2000 eröffnet. Hier fühlt
man sich nicht wie im Bauch des Architekten, sondern wie in der Höhle der Bücher.
In den Regalen steht die gesamte spannende Vielfalt der TASCHEN-Titel; gemischt mit weiteren interessanten Bild-
bänden. Geöffnet ist täglich; am Freitag
und Samstag sogar bis Mitternacht.

La boutique décorée par Philippe Starck
a été ouverte en 2000. Ici on ne se sent
pas dans le ventre de l'architecte mais
dans l'antre de l'éditeur ! Tous les livres
édités par TASCHEN s'empilent dans leur
diversité sur les étagères à côtés d'autres
parutions intéressantes. Ouvert tous les
jours; le vendredi et le samedi jusqu'à minuit.

Personal Finds/Eigene Entdeckungen/
Découvertes personnelles:

Hôtel
Bel-Ami

7/11, rue Saint-Benoît, 75006 Paris
☎ +33 1 42 61 53 53   ☐ + 331 49 27 09 33
contact@hotel-bel-ami.com
www.hotel-bel-ami.com
Métro: St. Germain-des-Prés
Booking: www.great-escapes-hotels.com

6ᵉ Arrᵗ

RUE SAINT-BENOÎT

Hôtel Bel-Ami

If the typical French hôtel de charme with its plush and frills doesn't really appeal to you, then you will feel at home here: Hôtel Bel-Ami is what nowadays is termed stylish or urban chic. Grace Leo-Andrieu, who also designed the Lancaster, joined forces with the interior decorators Nathalie Battesti and Veronique Terreaux to concentrate on a minimalist interior. The 115 rooms and suites behind the classically elegant façade can be booked according to your very individual colour preference. There are rooms in a fresh orange tone, in a warm blue and chocolate-brown combination, and in a delicate apple green. The selection in the mini-bar is thoughtfully put together, with a water menu of seven different types of mineral waters. At breakfast, taken in the light and airy Bel-Ami Café with impressive Serge Mouille lamps on the walls, you may meet interesting people getting ready for a day in Paris.

Wer die typisch französischen „hôtels de charme" mit ihrem Plüsch und Rüschen nicht so gerne mag, wird sich hier wohl fühlen: Das Hôtel Bel-Ami ist das, was man heutzutage „stylish" oder „urban chic" nennt. Grace Leo-Andrieu, die z. B. auch das Lancaster gestaltete, hat sich zusammen mit den Innenarchitekten Nathalie Battesti und Veronique Terreaux auf minimalistisches Interieur konzentriert. Die 115 Zimmer und Suiten hinter der klassisch-eleganten Fassade kann man ganz nach individuellen Farb-Vorlieben buchen. Es gibt Räume in frischem Orange, in einer warmen Blau-Schokoladenbraun-Kombination und in sanftem Apfelgrün. Gut durchdacht ist das Sortiment der Minibar: Es umfasst ein Wasser-Menu mit sieben verschiedenen Mineralwasser-Sorten. Zum Frühstück im lichtdurchfluteten Bel-Ami Café mit den wirkungsvollen Lampen von Serge Mouille an den Wänden trifft man interessante Leute, die sich für einen Tag in Paris stärken.

Celui qui n'apprécie guère les « hôtels de charme » typiquement français avec leurs chichis et leurs volants, se sentiront parfaitement à l'aise ici : l'Hôtel Bel-Ami mérite bien les qualificatifs de « stylish » ou « urban chic ». Grace Leo-Andrieu, qui a aussi aménagé le Lancaster, a opté pour une décoration minimaliste avec les architectes Nathalie Battesti et Véronique Terreaux. Les 115 chambres et suites de cet hôtel à la façade classique et élégante peuvent être réservées en fonction de la couleur que l'on préfère. Il y a les chambres en orange pour une atmosphère chaleureuse, en bleu frais rehaussé de chocolat et en vert tendre pour une ambiance plus reposante. Le choix du mini bar est judicieux, il propose sept eaux minérales différentes. Le petit-déjeuner se prend au Bel-Ami Café, une pièce lumineuse avec à ses murs les lampes très design de Serge Mouille. On y rencontre des gens intéressants qui en se servant au copieux buffet prennent des forces pour une journée à Paris.

Rates: Single and double rooms from 270 €, suites from 490 €, breakfast 23 €.
Rooms: 113 rooms and 2 suites.
Restaurants: The breakfast restaurant Bel- Ami Café is also open for lunch and dinner for business guests on request.
History: In the 14th century, the west wing of the abbey of St. Germain was located here, later a post-office building, and then the national printer's office. The design hotel Bel-Ami was opened in 2000, and refurbished in 2004.

Preise: Einzel-/Doppelzimmer ab 270 €, Suite ab 490 €, Frühstück 23 €.
Zimmer: 113 Zimmer und 2 Suiten.
Restaurants: Das Frühstücksrestaurant Bel-Ami Café ist für Businessgäste auf Anfrage auch zum Lunch und Dinner geöffnet.
Geschichte: Im 14. Jahrhundert stand an dieser Stelle der Westflügel der Abtei St-Germain, später ein Postgebäude und dann die Nationale Druckerei. Das DesignHotel Bel-Ami wurde im Jahr 2000 eröffnet und 2004 renoviert.

Prix : Chambre simple/double à partir de 270 €, suite à partir de 490 €, petit-déjeuner 23 €.
Chambres : 113 chambres et 2 suites.
Restauration : Sur demande, le restaurant du petit-déjeuner, le Bel-Ami Café, est également ouvert le midi et le soir pour les hommes d'affaires.
Histoire : Au 14e siècle se tenait à cet endroit l'aile ouest de l'abbaye de Saint-Germain, plus tard un bâtiment de la poste, puis l'imprimerie nationale. L'hôtel design Bel-Ami a été ouvert en 2000 et rénové en 2004.

1

2

3

1 Café/Café/Café

Café de Flore

172, Boulevard Saint-Germain
75006 Paris
Tel: +33 1 45 48 55 26
www.cafe-de-flore.com
Métro: St. Germain-des-Prés

The Café de Flore was made famous by regular patrons such as the surrealists Apollinaire, Aragon and Bréton, the writers Jean-Paul Sartre and Simone de Beauvoir, and existentialists such as Juliette Greco and Boris Vian. Today it is still a popular place for writers, models and actors to meet. However, the quality of the food has suffered from the event of tourism. The tableware with its green lettering is particularly attractive and can be bought at the café's souvenir shop. Open daily.

Das Café de Flore wurde berühmt durch Stammgäste wie die Surrealisten Apollinaire, Aragon und Bréton, die Schriftsteller Jean-Paul Sartre und Simone de Beauvoir, die Existenzialisten wie Juliette Greco und Boris Vian – und ist auch heute noch ein beliebter Treffpunkt von Autoren, Models und Schauspielern. Die Qualität des einfachen, aber guten Essens hat unter dem Tourismus allerdings gelitten. Besonders schön ist das Geschirr mit dem grünen Schriftzug, das man im hauseigenen Souvenirshop kaufen kann. Täglich geöffnet.

Apollinaire et les surréalistes Aragon et Breton, Jean-Paul Sartre et Simone de Beauvoir, les existentialistes Juliette Gréco et Boris Vian ont fait la célébrité du Café de Flore, qui est resté un rendez-vous apprécié des écrivains, mannequins et acteurs de cinéma. La cuisine, à l'origine simple mais bonne, a souffert du tourisme. La vaisselle au label vert est très jolie et on peut l'acheter dans la boutique. Ouvert tous les jours.

2 Brasserie/Brasserie/Brasserie

Brasserie Lipp

151, Boulevard Saint-Germain
75006 Paris
Tel: +33 1 45 48 72 93
www.brasserie-lipp.fr
Métro: St. Germain-des-Prés

The classic among the brasseries in Paris. Ernest Hemingway often sat here over herrings and wrote about them in A Moveable Feast. Classic simple French cuisine, for example choucroute or steak frites, millefeuille as a dessert. However, more important than the actual food is where it is eaten. The table to which a guest is shown says everything about his importance. Worst of all is to be sent upstairs, then it's better to leave. Open daily.

Der Klassiker unter den Brasserien in Paris. Ernest Hemingway saß hier oft bei Hering und schrieb darüber in „Paris, ein Fest fürs Leben". Klassisch französische und unkomplizierte Küche, Choucroute oder Steak Frites, als Dessert Millefeuille. Wichtiger als das Essen ist allerdings, wo man es isst: Anhand des zugewiesenen Tisches lässt sich die Wichtigkeit des Gastes erkennen. Ganz schlimm ist es, nach oben geschickt zu werden, dann lieber wieder gehen. Täglich geöffnet.

La brasserie parisienne classique. Ernest Hemingway y mangeait souvent du hareng et l'écrit dans « Paris est une fête ». Cuisine traditionnelle sans complications, choucroute ou steak frites, millefeuille en dessert. Mais l'endroit où l'on mange est plus important que ce qu'on mange et les meilleures tables sont réservées au VIP. Le pire est d'être envoyé en haut, mieux vaut alors s'en aller. Ouvert tous les jours.

3 Books/Bücher/Livres

La Hune

170, Boulevard Saint-Germain
75006 Paris
Tel: +33 1 45 48 35 85
Métro: St. Germain-des-Prés

One of the leading bookshops in Paris since it opened shortly after World War II in 1949. The shop has almost every conceivable book on photography, architecture, the fine arts, cinema and music – interesting readings by authors also take place regularly. La Hune is also open on Sundays – a whole weekend to spend browsing.

Seit ihrer Gründung 1949 kurz nach dem Zweiten Weltkrieg eine der ganz großen Buchhandlungen von Paris. Hier findet man alle nur erdenklichen Titel über Fotografie, Architektur, die Schönen Künste, Kino und Musik – zudem finden regelmäßig interessante Autorenlesungen statt. La Hune ist auch am Sonntag geöffnet, sodass man das ganze Wochenende stöbern kann.

Créée en 1949, et située en face de la brasserie Lipp, c'est l'une des grandes librairies parisiennes. Elle abrite tous les livres possibles sur la photographie, l'architecture, les beaux-arts, le cinéma et la musique ; de plus des auteurs viennent régulièrement y lire leurs ouvrages. Elle est ouverte le dimanche, ce qui permet de passer son week-end au milieu des livres.

4 Children's wear/Kinderkleidung/Vêtements pour enfants

Petit Faune

13, rue de Mézières
75006 Paris
Tel: +33 1 42 22 63 69
www.petitfaune.com
Métro: Saint-Sulpice
(*Map on page 182*)

The fashion designer Sylvie Loussier launched her Petit Faune label in 1970 and now sells cute baby clothes and distinctive children's wear for kids up to 12 all over the world. Those wanting to try their hand at designing can also buy fabric here for a sewing session at home.

1970 gründete die Modedesignerin Sylvie Loussier ihr Label Petit Faune – und verkauft inzwischen in aller Welt süße Babykleidung und Entwürfe für Kinder bis 12 Jahre, die nicht jeder trägt. Wer sich selbst als Designer versuchen möchte, kann in dieser Boutique auch Stoff am Meter kaufen und zu Hause drauflos schneidern.

4

5

6

La créatrice Sylvie Loussier a créé son label Petit Faune en 1970. Aujourd'hui elle vend dans le monde entier de très jolis vêtements de bébés et des modèles origi-naux pour enfants jusque, à douze ans. Celles ou ceux qui ont des doigts de fées peuvent réaliser les modèles chez eux : la maison fournit les patrons, les tissus et les accessoires.

---

5   Sweets/Süßes/Confiserie

Ladurée
21, rue Bonaparte
75006 Paris
Tel: +33 1 44 07 64 87
www.laduree.fr
Métro: St. Germain-des-Prés

This branch of the pâtissier and chocolati-er Ladurée was opened in the autumn of 2002 in what was once Madeleine Castaing's legendary interior furnishing shop and the meeting place of artists as Chagall, Soutine, Modigliani. Customers queue up to purchase the shop's exquisite chocolates or choose the best macaroons from a selection of over 40 different kinds. The Salon de Thé is also worth a visit. Open daily.

Im Herbst 2002 wurde diese Zweigstelle des Pâtissiers und Chocolatiers Ladurée in dem ehemaligen legendären Interieur-Laden und Künstlertreff (es kamen u. a. Chagall, Soutine, Modigliani) von Madeleine Castaing eröffnet. Nun steht man hier Schlange, um die köstlichen Pralinen zu erstehen oder sich unter den mehr als 40 Sorten von „Macarons" die köstlichste auszusuchen. Auch der Salon de Thé ist einen Besuch wert. Täglich geöffnet.

Cette filiale du pâtissier et chocolatier Ladurée a été ouverte en automne 2002 dans la boutique de la célèbre décoratrice Madeleine Castaing, rendez-vous de nom-breux artistes comme Chagall, Soutine, Modigliani. Maintenant on fait la queue devant la maison pour acheter les pralines exquises ou choisir des macarons parmi 40 sortes aussi délicieuses les unes que les autres. Le salon de thé vaut aussi le détour. Ouvert tous les jours.

---

6   Café/Café/Café

Le Pré aux Clercs
30, rue Bonaparte
75006 Paris
Tel: +33 1 43 54 41 73
Métro: St. Germain-des-Prés

More laid back and less touristy than Café de Flore around the corner, and consider-ably more down to earth than the Ladurée tea salon opposite. Le Pré aux Clercs is very Parisian and a wonderful place to enjoy a quiet morning cup of coffee and read the paper.

Etwas entspannter und weniger touristisch als das Café de Flore um die Ecke und wesentlich mehr „down to earth" als der Teesalon von Ladurée schräg gegenüber. Le Pré aux Clercs ist sehr pariserisch und eine wunderbare Adresse, wenn man mor-gens in Ruhe Kaffe trinken und Zeitung lesen möchte.

Moins connu des touristes et plus relax que le « Café de Flore » au coin de la rue, plus « terrestre » que le salon de thé de Ladurée en face, avec son arbre au milieu de la salle, « Le Pré aux Clercs » est typi-quement parisien. C'est un endroit ma-gique le matin, pour prendre un petit noir en lisant les journaux.

Personal Finds/Eigene Entdeckungen/
Découvertes personnelles:

_____

_____

_____

_____

_____

_____

_____

_____

_____

_____

_____

_____

_____

_____

_____

_____

_____

_____

_____

_____

_____

_____

_____

_____

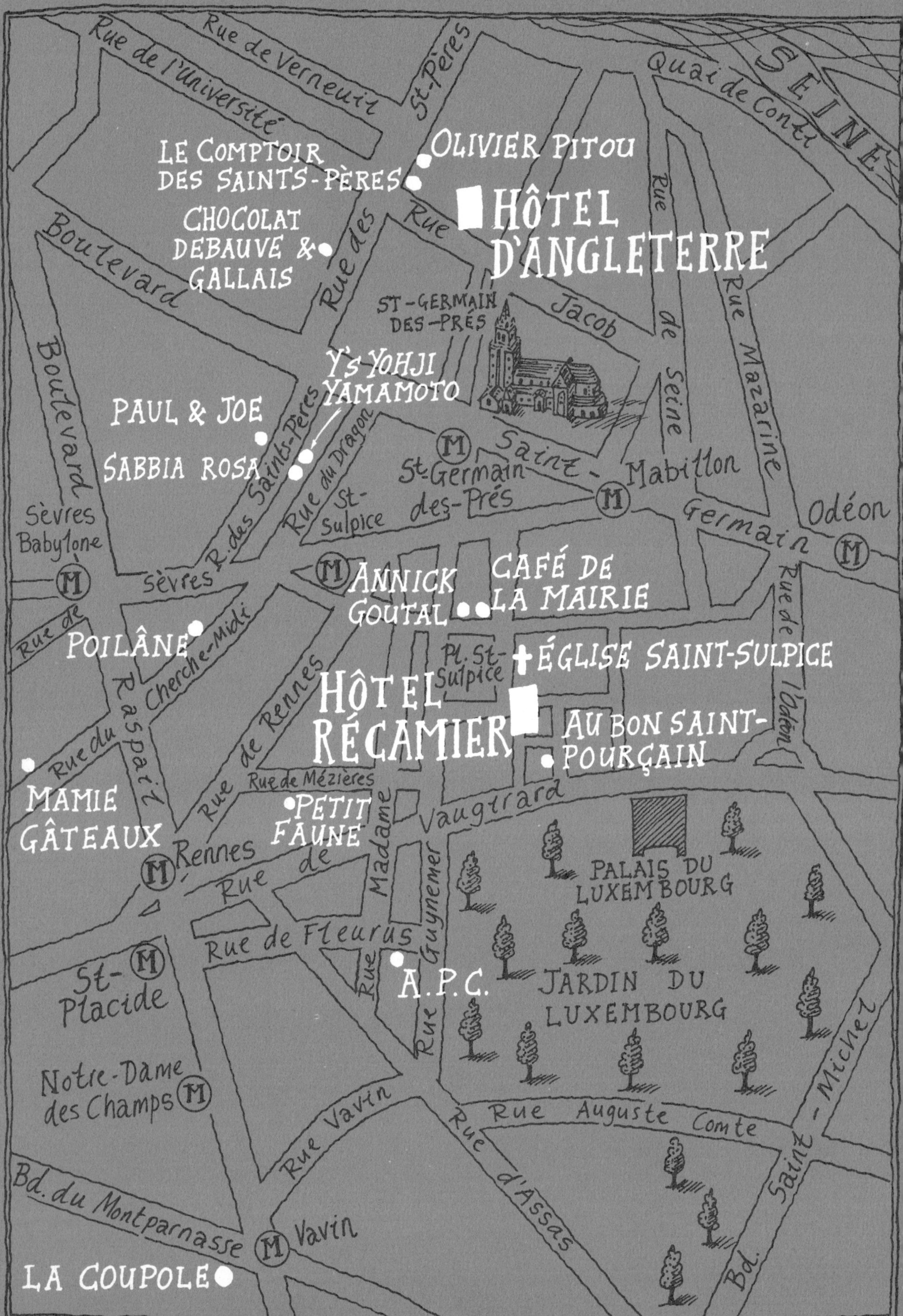
SEINE
Quai de Conti
Rue de Verneuil
Rue de l'Université
St-Pères
LE COMPTOIR DES SAINTS-PÈRES
OLIVIER PITOU
HÔTEL D'ANGLETERRE
CHOCOLAT DEBAUVE & GALLAIS
Rue Jacob
Rue des Saints-Pères
Boulevard
Rue de Seine
Rue Mazarine
ST-GERMAIN DES-PRÉS
Y's YOHJI YAMAMOTO
PAUL & JOE
SABBIA ROSA
R. des Saints-Pères
Rue du Dragon
Boulevard Saint-Germain
St-Germain des-Prés
Mabillon
Odéon
St-Sulpice
Sèvres Babylone
Sèvres
ANNICK GOUTAL
CAFÉ DE LA MAIRIE
Rue de Sèvres
POILÂNE
Rue du Cherche-Midi
Pl. St-Sulpice
ÉGLISE SAINT-SULPICE
Rue de l'Odéon
Rue de Rennes
HÔTEL RÉCAMIER
AU BON SAINT-POURÇAIN
Raspail
Rue du
Rue de Mézières
MAMIE GÂTEAUX
PETIT FAUNE
Rue Madame
Rue de Vaugirard
Rennes
PALAIS DU LUXEMBOURG
Rue de Fleurus
Rue Guynemer
St-Placide
A.P.C.
JARDIN DU LUXEMBOURG
Notre-Dame des Champs
Rue Vavin
Rue d'Assas
Rue Auguste Comte
Bd. Saint-Michel
Bd. du Montparnasse
Vavin
LA COUPOLE

6e
Arrondissement

Hôtel
d'Angleterre

44, rue Jacob, 75006 Paris
☎ +33 1 42 60 34 72   ☐ + 33 1 42 60 16 93
reservation@hotel-dangleterre.com
www.hotel-dangleterre.com
Métro: St. Germain-des-Prés
Booking: www.great-escapes-hotels.com

Hôtel d'Angleterre

This building has a fascinating history and renowned guests. It housed the British Embassy at the end of the 18th century (in 1783 the Traité de Paris, the United States' Treaty of Independence, was prepared here), and on 20 December 1921, Ernest Hemmingway stayed in Room 14 for the first time, the first of many visits by the author. Apart from the ideal location in the heart of St. Germain-des-Prés, the size of the rooms should be mentioned, so much space is really rare in Paris. All of the rooms are individually decorated. Some rooms are furnished with off-white fabrics, classic furniture and a lot of marble, others have a rustic touch with flowered wallpaper and thick wooden ceiling beams. Why don't you ask for advice at the reception before checking in, giving your own personal preference? The small courtyard is also very charming, and you can have breakfast there al fresco when the weather is fine.

Dieses Haus hat eine spannende Geschichte und berühmte Gäste: Ende des 18. Jahrhunderts residierte hier die Britische Botschaft (1783 wurde hier sogar der Traité de Paris, die Erklärung der Unabhängigkeit der Vereinigten Staaten, vorbereitet), und am 20. Dezember 1921 übernachtete Ernest Hemingway zum ersten Mal in Zimmer 14 – es war nur der erste von vielen Aufenthalten des Autors. Neben der idealen Lage mitten in St-Germain des Prés ist die Größe der Zimmer besonders erwähnenswert – so viel Platz ist in Paris wirklich eine Seltenheit. Alle Räume sind unterschiedlich eingerichtet; es gibt Zimmer mit crèmefarbenen Stoffen, klassischen Möbeln und viel Marmor, aber auch rustikal angehauchtes Ambiente mit Blümchentapeten und dicken Holzbalken unter der Decke. Am besten lässt man sich vor dem Einchecken je nach persönlichen Vorlieben an der Rezeption beraten. Sehr charmant ist auch der kleine Innenhof, in dem bei schönem Wetter das Frühstück unter freiem Himmel serviert wird.

L'histoire de cette demeure est passionnante. À la fin du 18e siècle, elle était en effet le siège de l'Ambassade d'Angleterre et c'est ici que fut préparé, en 1783, le Traité de Paris reconnaissant l'indépendance des États-Unis. Transformée en hôtel, elle accueillit des clients célèbres comme Ernest Hemingway, lequel y résida pour la première fois le 20 décembre 1921 dans la chambre 14. Ce séjour fut suivi de nombreux autres. En plus de son emplacement idéal, au cœur de Saint-Germain-des-Prés, ses chambres spacieuses sont le second atout de l'hôtel. Il est rare de bénéficier d'autant d'espace dans Paris. L'hôtel propose des chambres parées d'étoffes crème, meubles classiques et marbre, ou d'autres à l'ambiance plus rustique avec leur tapisserie à fleurs et leurs grosses poutres en bois apparentes. Le mieux est de s'adresser à la réception qui vous conseillera selon vos goûts. Les jours de beau temps, le petit-déjeuner est servi à ciel ouvert dans le charmant jardin-patio.

Rates: Single rooms 135 €, double rooms from 195 €, suites from 290 €, breakfast always included.
Rooms: 23 rooms, 3 suites and 1 apartment, all individually furnished.
Restaurants: The Hôtel d'Angleterre only serves breakfast.
History: A charming town hotel with a rich history and in a first-class location on the Rive Gauche.

Preise: Einzelzimmer 135 €, Doppelzimmer ab 195 €, Suite ab 290 €, Frühstück inbegriffen.
Zimmer: 23 Zimmer, 3 Suiten und 1 Apartment, alle individuell eingerichtet.
Restaurants: Das Hôtel d'Angleterre serviert nur Frühstück.
Geschichte: Ein charmantes Stadthotel mit reicher Historie und in erstklassiger Lage an der Rive Gauche.

Prix : Chambre simple 135 €, chambre double à partir de 195 €, suite à partir de 290 €, petit-déjeuner compris.
Chambres : 23 chambres, 3 suites et 1 appartement, le tout aménagé de façon individuelle.
Restauration : L'hôtel d'Angleterre ne sert que le petit-déjeuner.
Histoire : Un charmant hôtel chargé d'histoire et bénéficiant d'une situation privilégiée sur la Rive Gauche.

1

2

3

---

1   Café/Café/Café

Le Comptoir des Saints-Pères
29, rue des Saints-Pères
75006 Paris
Tel: +33 1 40 20 09 39
Métro: St. Germain-des-Prés

A typical French café, steeped in history – as guests sense as soon as they sit down at a pavement bistro table or at the long brass bar. Hemingway, who lived in Paris from 1921 to 1926 and wrote A Moveable Feast during this time, initially stayed next door at Hôtel Jacob (now Hôtel d'Angleterre). James Joyce, who was still working on Ulysses at the beginning of 1920, lived very nearby in rue de l'Université, and both writers went to the café regularly. Later, Hemingway also used to meet Scott Fitzgerald here (1929). Open daily.

Ein typisch französisches Café, das Geschichte atmet, was man sofort spürt, wenn man am Bistrotisch auf dem Trottoir oder an der langen Messingtheke sitzt. Hemingway, der von 1921 bis 1926 in Paris lebte und „Paris, ein Fest fürs Leben" schrieb, wohnte zunächst nebenan im Hôtel Jacob (heute Hôtel d'Angleterre). James Joyce, der Anfang 1920 noch an „Ulysses" arbeitete, lebte ganz in der Nähe in der rue de l'Université, und beide Schriftsteller kamen regelmäßig hierher. Später traf sich Hemingway hier auch mit Fitzgerald (1929). Täglich geöffnet.

Un café typique avec son beau zinc d'époque. Hemingway qui vécut à Paris de 1921 à 1926 et écrivit « Paris est une fête » a tout d'abord habité à l'Hôtel Jacob – aujourd'hui Hôtel d'Angleterre – tout proche. James Joyce qui travaillait encore à « Ulysse » début 1920 vivait à quelques mètres dans la rue de l'Université. Les deux écrivains venaient régulièrement ici, plus tard Hemingway y rencontra aussi Fitzgerald (1929). Ouvert tous les jours.

---

2   Flowers/Blumen/Fleurs

Olivier Pitou
23, rue des Saints-Pères

75006 Paris
Tel: +33 1 49 27 97 49
Métro: St. Germain-des-Prés

Guests staying at the nearby Hôtel Verneuil or Hôtel d'Angleterre for only a day or two should still buy a few of the magnificent roses sold here for their bedside table. The scent is simply wonderful and the flowers give the room a small personal touch.

Auch wenn man nur für zwei Tage im nahen Hôtel Verneuil oder Hôtel d'Angleterre absteigt, sollt man sich hier ein paar der wunderschönen Rosen kaufen und auf den Nachttisch stellen. Ihr Duft ist einfach wunderbar, und die Blumen verleihen dem Zimmer eine persönliche Note.

Même si l'on ne séjourne que deux jours dans l'Hôtel de Verneuil ou Hôtel d'Angleterre tout proche, il ne faut pas manquer d'acheter quelques roses sublimes et les placer sur sa table de nuit. Elles embaumeront la chambre et lui donneront une note personnelle.

---

3   Chocolate/Schokolade/Chocolaterie

Chocolat Debauve & Gallais
30, rue des Saints-Pères
75007 Paris
Tel: +33 1 45 48 54 67
Fax: +33 1 45 48 21 78
www.debauve-et-gallais.com
Métro: St. Germain-des-Prés

To my mind the finest and most authentic of the many chocolate shops in Paris; Balzac and Proust once shopped here. Established in 1800, Debauve & Gallais used to be a purveyor to the royal court. The chocolates – their packaging and the shop fittings are still befitting of royalty and have not been abandoned for a modern design – are what gives the shop its own special charm. Buy at least one bar of Chocolat aux Gemmes, preferably to be consumed as a bedtime snack rather than taken home.

Für mich der schönste und urspünglichste Laden unter den vielen Schokoladenläden von Paris; hier kauften schon Balzac und

Proust ein. 1800 gegründet, belieferte Debauve & Gallais früher die Könige. Die Pralinen, deren Verpackung und die Einrichtung sind immer noch königlich und keinem modernen Design zum Opfer gefallen – das macht den ganz besonderen Charme aus. Man sollte zumindest eine Tafel „Chocolat aux Gemmes" kaufen und dann am besten gleich als Betthupferl verdrükken, statt sie mit nach Hause zu nehmen.

La boutique de chocolats la plus belle et la plus originale de Paris; Balzac et Proust y faisaient déjà leurs achats. Créé en 1800, Debauve & Gallais était le fournisseur des rois de France. Ni le cadre, ni les compositions et leurs emballages n'ont été victimes d'un remaniement moderne. Ils sont restés dignes d'un roi, c'est ce qui fait le charme des lieux. On devrait au moins acheter une tablette de « Chocolat aux gemmes » – et la savourer sur place.

---

4   Fashion/Mode/Mode

Paul & Joe
62 rue des Saints-Pères (Men)
Tel: +33 1 45 44 97 70
64/66 rue des Saints-Pères (Women)
Tel: +33 1 42 22 47 01
75007 Paris
www.paulandjoe.com
Metro: Sèvres Babylone

The fashion designer Sophie Albou named her fashion label after her two sons, Paul and Joe. She owns several boutiques in Paris and this particular one comprises two connected shops. Men's fashion can be found in house number 62, and the women's collection is sold next door. These feminine designs are especially beautiful – the romantic style and delightful fabrics, combined in a most original manner, display a very Parisian flair.

Die Modemacherin Sophie Albou hat ihre Modelabel nach ihren beiden Söhnen Paul und Joe benannt. Sie besitzt in Paris mehrere Boutiquen – diese hier besteht aus zwei ineinander übergehenden Läden: Im Haus mit der Nummer 62 erhält man Männermode, nebenan wird die Damenkollek-

4

5

6

tion verkauft. Diese femininen Designs sind besonders schön, da die originell kombinierten, verspielten Stoffe und romantischen Schnitte etwas sehr Pariserisches haben.

La créatrice Sophie Albou a donné à sa marque le nom de ses fils Paul et Joe. Elle possède plusieurs boutiques à Paris – celle-ci comprend deux magasins jumelés, et l'on peut passer de l'un à l'autre : au numéro 62 on trouve la mode pour hommes, à côté la collection pour femmes. Les modèles féminins sont ravissants, les étoffes ludiques et les coupes romantiques mariées avec originalité ont quelque chose de très parisien.

5   Fashion/Mode/Mode

Y's Yohji Yamamoto
69, rue des Saints-Pères
75006 Paris
Tel: +33 1 45 48 22 56
www.yohjiyamamoto.co.jp
Métro: St. Germain-des-Prés

The young line by Yamamoto, mostly in black, is in keeping with the existentialist side of Paris. One of the very few shops anywhere in the world with a line that can be admired for every one of its items.

Die junge Linie von Yamamoto, meist in Schwarz, passt zur existenzialistischen Seite von Paris. Einer der weltweit wenigen Läden, in denen man fast die ganze Linie bewundern kann.

La dernière collection de Yamamoto, dans laquelle le noir prédomine, est parfaitement adaptée au côté existentialiste de Paris. Nous sommes ici dans un des rares magasins au monde qui présente la collection du créateur japonais pratiquement dans son intégralité.

6   Dessous/Dessous/Lingerie

Sabbia Rosa
71–73, rue des Saints-Pères
75006 Paris

Tel: +33 1 45 48 88 37
Métro: Sèvres-Babylone

Paris is the city of dessous and lingerie. It might even be said that the Parisian woman was born to seduce men, and the mistress is a French invention and well knew how to use her charms… The boutique sells the most exquisite little dresses, panties and bras made of silk in all colours of the boudoir. Claudia Schiffer, Catherine Deneuve, Naomi Campbell are just a few of the beautiful women who shop here regularly.

Paris ist die Stadt der Dessous und Lingerie. Man könnte fast sagen, dass die Pariserin dazu geboren wird, den Mann zu verführen; und die Mätresse ist eine französische Erfindung, die ihre Tricks kannte … In diesem kleinen Laden findet man die exquisitesten Kleidchen, Höschen und BHs aus Seide und in allen Farbtönen des Boudoirs. Claudia Schiffer, Catherine Deneuve, Naomi Campbell und viele andere schöne Frauen sind hier Stammkundinnen.

Paris est la ville des « dessous chics » qui ne dévoilent rien du tout ; il semblerait que la Parisienne vienne au monde pour séduire l'homme. Cette petite boutique abrite les modèles les plus affriolants de combinaisons, culottes et soutiens-gorges en soie et dentelle, aux couleurs de boudoir. Claudia Schiffer, Catherine Deneuve, Naomi Campbell et bien d'autres jolies femmes en sont les clientes attitrées.

Personal Finds/Eigene Entdeckungen/
Découvertes personnelles:

Hôtel
Récamier

3 bis, Place Saint-Sulpice, 75006 Paris
☎ + 33 1 43 26 04 89   + 33 1 46 33 27 73
Métro: St-Sulpice/Mabillon/St. Germain-des-Prés
Booking: www.great-escapes-hotels.com

Hôtel Récamier

A hotel for all fans of Dan Brown's Da Vinci Code, hidden away in a far corner of Place Saint-Sulpice. You can follow the trail of the Da Vinci Code in Saint-Sulpice Church and discover the mysterious side of Paris. St. Sulpice has always had a rather non-descript existence until it became famous through the best seller. Incidentally, it is the largest place of worship in the city after Notre Dame. But even if you are more interested in the present than in myths, this is still a good place to stay. From the hotel you can stroll to the highlights of St. Germain-des-Prés, browse in bookshops and boutiques, and indulge in a grand crème in a pavement café. My favourite is directly opposite the square. The rooms of the Hôtel Récamier are all quiet, and furnished in that slightly decadent style which has a certain Parisian charm. However, they are very small and offer few mod cons, and the bathrooms are certainly not luxurious. On the other hand, the staff are exceptionally friendly.

Dieses Hotel versteckt sich im hintersten Winkel der Place Saint-Sulpice. Hier kann man in der gleichnamigen Kirche den Spuren des Da-Vinci-Codes folgen und das geheimnisvolle Gesicht von Paris entdecken. Saint Sulpice, die immer ein recht unscheinbares Dasein führte und erst durch den Bestseller berühmt wurde, ist übrigens nach Notre Dame das größte Gotteshaus der Stadt. Aber auch, wer weniger an den Mythen als an der Gegenwart Interesse hat, ist hier gut aufgehoben. Vom Hotel aus bummelt man bequem zu den Highlights von St-Germain des Prés, stöbert in Buchhandlungen und Modeboutiquen und gönnt sich als Pause einen Grand Crème in einem Straßencafé, mein liebstes liegt direkt gegenüber des Platzes. Die Zimmer des Hôtel Récamier sind alle ruhig gelegen und im pariserisch-charmanten, leicht morbiden Stil ausgestattet. Sie sind allerdings sehr klein und bieten nicht viel Komfort (auch die Bäder sind alles andere als luxuriös). Aber dafür ist das Personal ausgesprochen freundlich.

Cet hôtel est dissimulé dans une encoignure reculée de la Place Saint-Sulpice. Dans l'église du même nom, on pourra suivre les traces du « Da Vinci Code » de Dan Brown tout en découvrant le visage mystérieux de Paris. Peu connue dans le passé par les étrangers, l'église Saint-Sulpice doit sa nouvelle célébrité au bestseller. Elle est d'ailleurs la plus grande église de Paris après Notre-Dame. Mais même si vous vous intéressez plus au présent qu'aux mythes du passé, vous ne regretterez pas d'avoir choisi cet hôtel. À proximité de toutes les curiosités de Saint-Germain-des-Prés, vous pourrez faire les librairies, les boutiques de mode et boire un « grand crème » à la terrasse d'un café si vous désirez faire une pause. Les chambres de l'hôtel Récamier sont toutes tranquilles et aménagées dans un style charmant, typiquement parisien mais légèrement vieillot. Très petites, elles n'offrent pas beaucoup de confort (les salles de bains ne sont pas très luxueuses). En contrepartie, le personnel est extrêmement aimable.

Rates: Single and double rooms from 110 €, breakfast 7 €.
Rooms: 30 rooms.
Restaurants: Although the hotel serves breakfast, it is nicer to have croissants and coffee in one of the nearby cafés.
History: An unpretentious town house and a good low-budget tip in the heart of the city.

Preise: Einzel-/Doppelzimmer ab 110 €, Frühstück 7 €.
Zimmer: 30 Zimmer.
Restaurants: Das Hotel serviert Frühstück; schöner ist es aber, in eines der nahen Cafés zu gehen und dort Croissants und Kaffee zu bestellen.
Geschichte: Ein schlichtes Stadthaus und ein guter Low-budget-Tipp im Herzen der Stadt.

Prix : Chambre simple/double à partir de 110 €, petit-déjeuner 7 €.
Chambres : 30 chambres.
Restauration : L'hôtel sert le petit-déjeuner ; il est toutefois plus agréable de se rendre dans l'un des cafés tout proches et d'y commander un café et des croissants.
Histoire : Établissement simple mais situé en plein centre de la capitale, bonne adresse pour les petits budgets.

1

2

3

---

1 Church/Kirche/Eglise

Église Saint-Sulpice
Place Saint-Sulpice
75006 Paris
Métro: Saint-Sulpice/Mabillon/Odéon

Building work on this church, begun in 1646, lasted for all of 120 years; the resulting strange mixture of styles (for example, the two towers are not the same) gives it a curious clumsy charm. Nor is the square with its large fountain exactly a masterpiece of the art of proportion, but this is what gives is a certain appeal. There are three frescoes by Eugène Delacroix in a chapel inside the church. Saint-Suplice plays a leading role in the Da Vinci Code, which was made into a film in 2006.

Der Bau dieser Kirche dauerte ab 1646 ganze 120 Jahre, der dabei entstandene seltsame Stilmix (so sind z. B. die zwei Türme unterschiedlich) verleiht ihr einen merkwürdig klobigen Charme. Auch der Platz mit dem großen Brunnen ist nicht unbedingt ein Meisterwerk der Proportionen, doch das macht den gewissen Reiz aus. In einer Kapelle im Inneren der Kirche befinden sich drei Fresken von Eugène Delacroix. Im 2006 verfilmten „Da Vinci Code" spielt Saint-Sulpice eine Hauptrolle.

Cette église dont la construction commencée en 1646 fut interrompue puis reprise avant d'être achevée en 1766, possède un charme curieux, un peu lourd. La place dotée d'une grande fontaine ne se distingue pas non plus par l'harmonie de ses proportions, mais l'ensemble est indiscutablement plaisant. L'église abrite trois peintures murales d'Eugène Delacroix. Saint-Sulpice joue un rôle majeur dans le film « Da Vinci Code » tourné en 2006.

---

2 Café/Café/Café

Café de la Mairie
8, Place Saint-Sulpice
75006 Paris
Tel: +33 1 43 26 67 62
Métro: Saint-Sulpice/Mabillon/Odéon

This is where tout Paris sits at the pavement tables drinking coffee and enjoying the marvellous view of the square and the oddly ill-proportioned church. A crispy Croque Madame with a cold bière à la pression is an ideal snack or refreshment during a shopping expedition.

Hier sitzt „tout Paris" zum Kaffee auf dem Trottoir mit wunderbarem Blick auf den Platz und die seltsam unproportionierte Kirche Saint-Sulpice. Bei kleinem Hunger und als Stärkung während eines Einkaufsbummels schmeckt die knusprige „Croque Madame" zum kühlen „Bière à la pression" sehr gut.

Le tout-Paris boit ici son café sur la terrasse qui offre une vue admirable sur la place et l'église Saint-Sulpice aux tours dissemblables si bizarres. Pour ceux qui ressentent une petite faim ou qui ont besoin d'un regain d'énergie pour continuer leur shopping, un délicieux croque-madame et une bière à la pression bien fraîche s'imposent.

---

3 Perfume/Parfum/Parfum

Annick Goutal
12, Place Saint-Sulpice
75006 Paris
Tel: +33 1 46 33 03 15
www.annickgoutal.fr
Métro: Saint-Sulpice/Mabillon/Odéon

A delightful perfumery that reopened in the summer of 2005 after being renovated. The leitmotif of all perfumes and creams is the rose, it has also given its name to the delicate pink of the new boutique, which has a very French and feminine feel. The Eau du Sud and the rose soap in gold packaging are my particular favourites. A welcome feature is that the number of perfumes and eau de toilettes are kept within reason; there are around 20 – with names such as Eau du Ciel, Eau d'Hadrien and Quel Amour.

Verspielte Parfumerie, die im Sommer 2005 nach Renovierung wieder eröffnet wurde. Hauptthema aller Parfums und Crèmes ist die Rose; sie war auch Farbgeberin für das zarte Rosé der neuen Boutique, die sehr französisch und feminin wirkt. Das „Eau du Sud" und die Rosenseife in goldener Verpackung sind meine Favoriten. Angenehm ist, dass die Anzahl an Parfums und Eau de Toilettes übersichtlich bleibt, es gibt etwa 20 verschiedene mit Namen wie „Eau du Ciel", „Eau d'Hadrien" und „Quel Amour".

La rose, thème central des parfums et des crèmes, prête aussi ses nuances délicates à la nouvelle boutique, très française et très féminine, rouverte en 2005 après rénovation. Impossible de résister à l' « Eau du Sud » et au savon à la rose dans son emballage doré. La gamme des parfums et eaux de toilette reste agréablement limitée avec une vingtaine de produits au nom prometteur, dont « Eau d'Hadrien », « Eau du Ciel » et « Quel Amour ».

---

4 Restaurant/Restaurant/Restaurant

Au Bon Saint-Pourçain
10 bis, rue Servandoni
75006 Paris
Tel: +33 1 43 54 93 63
Métro: Saint-Sulpice

This small restaurant is not very easy to find (it is tucked away in a narrow street – rue Servandoni), but the effort is worth it. Only very few tourists come here, and so the ones who do sit side by side with Parisians as they enjoy simple French bistro fare that also includes my favourite, the pot au feu, and the individual service.

Dieses kleine Restaurant muss man suchen (es versteckt sich in der schmalen rue Servandoni) – aber die Mühe lohnt sich. Hierher kommen nur wenige Touristen und so sitzt man gemeinsam mit den Parisern am Tisch und genießt einfache französische Bistro-Gerichte wie meine Leibspeise, den „pot-au-feu", und den persönlichen Service.

Il faut vraiment chercher ce petit restaurant qui se cache dans la longue rue Servandoni, mais cela en vaut la peine. Peu de touristes s'aventurent jusqu'ici et l'on se retrouve assis avec des Parisiens, un verre de Saint-Pourçain à la main, à savourer des

4

5

6

plats traditionnels tout simples, du pot-au-feu par exemple, et à apprécier le service chaleureux.

5   Bakery/Bäckerei/Boulangerie

Poilâne
8, rue du Cherche-Midi
75006 Paris
Tel: +33 1 45 48 42 59
www.poilane.com
Métro: Sèvres-Babylone/Saint-Placide

This is probably where the best bread in Paris is sold. The wonderful and simple window dressing, the simplicity of the small shop together with the reduced selection of breads and pastries are proof that it is quality not quantity that counts. Poilâne has been baking fresh bread for Parisians since as far back as 1932; the bakery is a must for all gourmets. The outsized loaves will last for days if the slices are toasted.

Hier gibt es das wahrscheinlich beste Brot von Paris. Schon die wunderschöne einfache Schaufensterdekoration, die Schlichtheit des kleinen Ladens sowie die reduzierte Auswahl an Broten und Keksen zeugen davon, dass nicht die Quantität, sondern die Qualität zählt. Poilâne begeistert die Pariser bereits seit 1932 mit frischem Brot; kein Gourmet sollte diesen Laden verpassen. Von einem der riesigen Laibe kann man zuhause Tage zehren, wenn man die Scheiben toastet.

On y trouve probablement le meilleur pain de la capitale. Le simple et superbe étalage, la sobriété du petit magasin et le choix restreint de pains et de sablés témoignent que la qualité prime ici sur la quantité. Depuis 1932, le pain frais artisanal de Poilâne enchante les Parisiens. Avis aux amateurs de bon pain : les miches dorées de près de deux kilos se conservent plusieurs jours et les tranches peuvent être grillées.

6   Tearoom/Teesalon/Salon de thé

Mamie Gâteaux
66, rue du Cherche-Midi

75006 Paris
Tel: +33 1 42 22 32 15
www.mamie-gateaux.com
Métro: Sèvres-Babylone

An oasis in which to take a breather after a shopping excursion to the nearby Bon Marché department store or along the romantic rue du Cherche-Midi with its variety of small shops. All cakes, pastries and quiches served here are homemade. There is another new shop next door called "Brocante de Mamie Gâteaux", which sells attractive gifts and delicious cakes.

Die Erholungsoase nach einer Shoppingtour durch das nahe gelegene Kaufhaus Bon Marché oder durch die mit vielen kleinen Läden abwechslungsreiche, romantische rue du Cherche-Midi. Hier werden nur hausgebackene Kuchen, Gebäck und Quiches serviert. Nebenan gibt es noch einen neuen Laden mit dem Namen „Brocante de Mamie Gâteaux", in dem man hübsche Mitbringsel und den leckeren Kuchen kaufen kann.

Une oasis de repos après une visite au Bon Marché tout proche ou dans les nombreuses petites boutiques de la rue du Cherche-Midi si romantique. Le salon de thé ne sert que des pâtisseries et quiches maison. Juste à côté se trouve un nouveau magasin « Brocante de Mamie Gâteaux » dans lequel on peut acheter les gâteaux et de quoi faire plaisir à ses proches.

Personal Finds/Eigene Entdeckungen/
Découvertes personnelles:

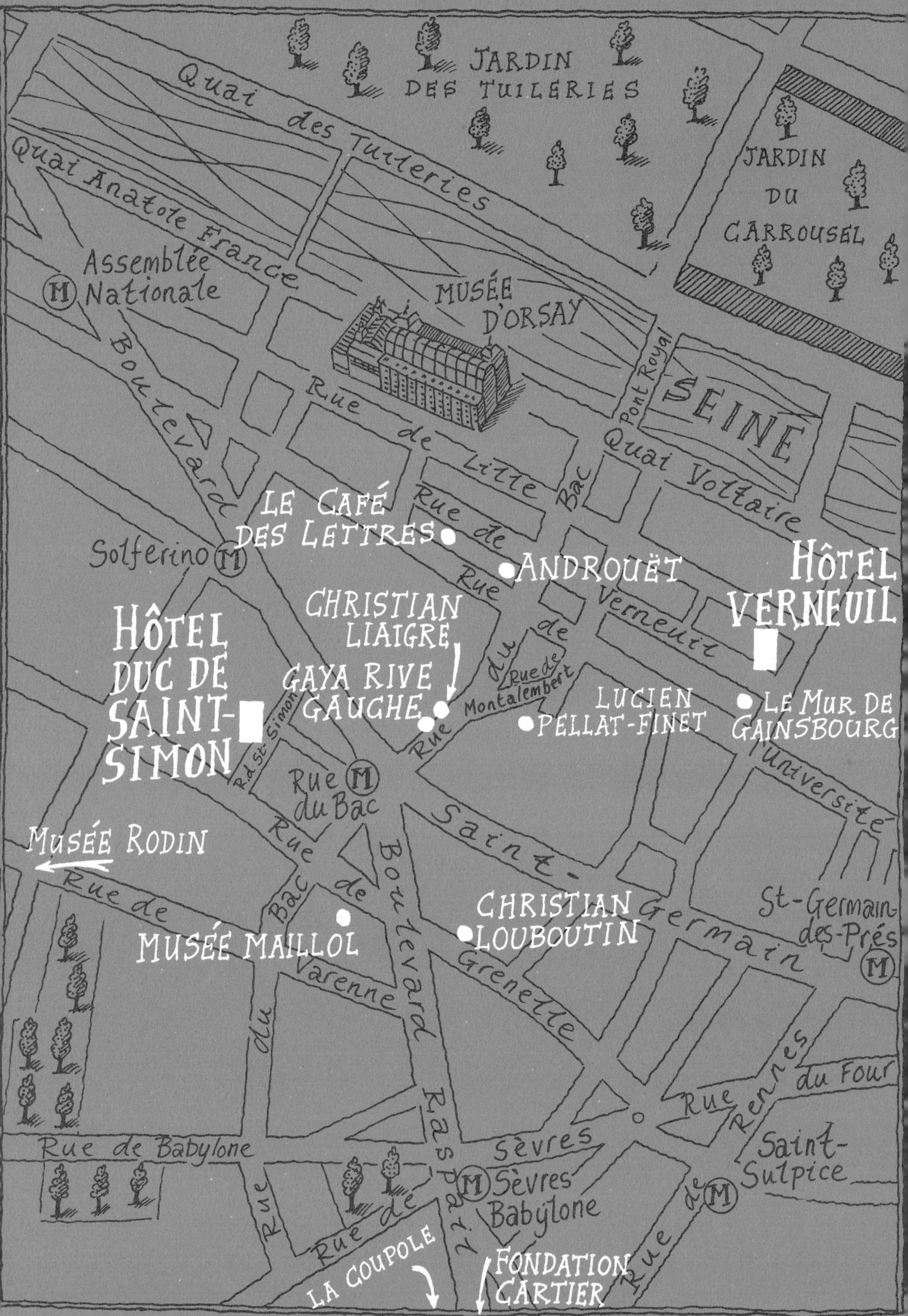

JARDIN DES TUILERIES

JARDIN DU CARROUSEL

Quai des Tuileries

Quai Anatole France

Boulevard

Assemblée Nationale
Ⓜ

MUSÉE D'ORSAY

SEINE

Rue de Lille

Pont Royal

Quai Voltaire

Rue de Bac

LE CAFÉ DES LETTRES

Solferino Ⓜ

ANDROUËT

Rue de Verneuil

HÔTEL VERNEUIL

HÔTEL DUC DE SAINT-SIMON

CHRISTIAN LIAIGRE

GAYA RIVE GAUCHE

Rue du Bac

Rd St-Simon

Rue de Montalembert

Rue de

LUCIEN PELLAT-FINET

Le Mur de GAINSBOURG

Université

Rue du Bac Ⓜ

MUSÉE RODIN

Rue de

Rue du Bac

Boulevard Raspail

Saint-Germain

CHRISTIAN LOUBOUTIN

St-Germain-des-Prés Ⓜ

MUSÉE MAILLOL

Varenne

Grenelle

Rue de Rennes

Rue du Four

Rue de Babylone

Sèvres

Rue de

Sèvres Babylone Ⓜ

Rue de Ⓜ

Saint-Sulpice

LA COUPOLE

FONDATION CARTIER

7e

Arrondissement

Hôtel Verneuil

8, rue de Verneuil, 75007 Paris
☎ +33 1 42 60 82 14   +33 1 42 61 40 38
info@hotelverneuil.com
www.hotelverneuil.com
Métro: Rue du Bac
Booking: www.great-escapes-hotels.com

Hôtel Verneuil

Rue de Verneuil is a very picturesque location. Parisian high society used to stroll along this pretty street in the heart of St. Germain-des-Prés. And Serge Gainsbourg lived in house 5 bis, where his fans have turned the wall (the mur de Gainsbourg) into an exuberant graffiti. Hôtel Verneuil is situated diagonally opposite and has 26 rooms behind the attractive façade, all of which have been individually designed by Michelle Halard. They are decorated in soft pastel shades, bright red, or blue and white, and exhibit an unbelievably French charm. Even if they are tiny, the view of the pretty street more than makes up for lack of space. On the ground floor, a comfortable salon with a library makes you feel at home with its drawing-room atmosphere. You can enjoy breakfast in the basement or in your own room – or indeed in the nearby Café de Flore, and then go on to explore the Quartier Latin or the Rive Gauche.

Die rue de Verneuil ist eine pittoreske Adresse. Früher flanierte die Pariser Highsociety durch diese hübsche Straße mitten in St-Germain des Prés. Und im Haus mit der Nummer 5 bis lebte Serge Gainsbourg – seine Fans haben die Hauswand (die „mur de Gainsbourg") in ein überbordendes Graffiti verwandelt. Das Hôtel Verneuil liegt schräg gegenüber und besitzt hinter der schönen Fassade 26 Zimmer, die von Michelle Halard individuell ausgestattet wurden. Sie sind in sanften Pastelltönen, leuchtendem Rot oder in Blau-Weiß gehalten und haben einen unglaublich französischen Charme. Auch wenn sie winzig klein sind, der Ausblick auf die hübsche Straße entschädigt den Platzmangel. Ebenerdig ist ein gemütlicher Salon mit Bibliothek eingerichtet, in dessen Wohnzimmerflair man sich sofort wie zu Hause fühlt. Das Frühstück kann man im Untergeschoss und im eigenen Zimmer genießen. Oder im nahe gelegenen Café de Flore, um anschließend das Quartier Latin oder die Rive Gauche zu entdecken.

La rue de Verneuil est une rue pittoresque. Jadis, la haute société parisienne flânait dans cette jolie rue au cœur de Saint-Germain-des-Prés. Et c'est au numéro 5 que vécut Serge Gainsbourg – ses fans ont d'ailleurs couvert de graffitis le mur de sa maison (le « mur de Gainsbourg »). En face se dresse la belle façade de l'hôtel Verneuil, lequel abrite 26 chambres, toutes aménagées individuellement par Michelle Halard. De couleur pastel, en rouge flamboyant ou dans des tons bleus et blancs, il en dégage un charme incroyablement français. Même si ces chambres sont minuscules, la vue sur la jolie rue dédommage du manque d'espace. L'hôtel dispose d'un salon avec bibliothèque, si confortable qu'on a vraiment l'impression de se sentir chez soi. Le petit-déjeuner peut être pris au sous-sol ou dans la chambre. Ou bien encore au « Café de Flore » tout proche avant de partir à la découverte du Quartier Latin ou de la Rive Gauche.

Rates: Single rooms from 130 €, double rooms from 155 €, breakfast 12 €.
Rooms: 26 rooms, each individually designed.
Restaurants: Hôtel Verneuil serves the classic French breakfast but does not have its own restaurant for lunch or dinner. There are drinks for the guests in the salon.
History: A charming town hotel in a 17th-century building. The rooms were refurbished in 1998.

Preise: Einzelzimmer ab 130 €, Doppelzimmer ab 155 €, Frühstück 12 €.
Zimmer: 26 Zimmer, die alle unterschiedlich gestaltet sind.
Restaurants: Das Hôtel Verneuil serviert klassisch französisches Frühstück, hat aber kein eigenes Restaurant für Lunch und Dinner. Im Salon stehen Drinks für Gäste bereit.
Geschichte: Ein charmantes Stadthotel in einem Haus aus dem 17. Jahrhundert. Die Zimmer wurden 1998 renoviert.

Prix : Chambre simple à partir de 130 €, chambre double à partir de 155 €, petit-déjeuner 12 €.
Chambres : 26 chambres, toutes aménagées différemment.
Restauration : L'hôtel Verneuil sert un petit-déjeuner français classique, mais n'a pas de restaurant ni pour le déjeuner ni pour le dîner. Au salon, des boissons sont à la disposition du client.
Histoire : Un charmant hôtel de ville dans une maison du 17e siècle. Les chambres ont été rénovées en 1998.

1

2

3

1   Pilgrimage site/Pilgerstätte/Pèlerinage

Le mur de Gainsbourg

5 bis, rue de Verneuil
75007 Paris
Métro: Rue du Bac

He burned a 500-franc note on television, wrote a reggae version of the Marseillaise, had an affair with Brigitte Bardot and sang "Je t'aime … moi non plus" with Jane Birkin: Serge Gainsbourg was the enfant terrible of the French music scene, while at the same time being one of the best song writers in the country. In Paris he lived at 5 bis, rue de Verneuil, and it is on the wall of this house that his fans seek to immortalise themselves even today. This pilgrimage site is not to be missed.

Er verbrannte einen 500-Francs-Schein im Fernsehen, schrieb eine Reggae-Version der „Marseillaise", hatte eine Affäre mit Brigitte Bardot und sang mit Jane Birkin „Je t'aime … moi non plus": Serge Gainsbourg war das „enfant terrible" der französischen Musikszene – und zugleich einer der besten Songwriter des Landes. In Paris lebte er in der 5 bis, rue de Verneuil; auf dieser Hauswand verewigen sich seine Fans noch heute. Dieses Wallfahrtstätte sollte man einmal gesehen haben.

Il a brûlé un billet de 500 francs à la télévision, a eu une liaison amoureuse avec Brigitte Bardot et a chanté avec Jane Birkin « Je t'aime … moi non plus » : Serge Gainsbourg était l'enfant terrible de la chanson française et, en même temps, l'un des meilleurs paroliers du pays. À Paris, il résidait au 5 bis, rue de Verneuil ; ses fans s'immortalisent aujourd'hui encore par des inscriptions sur le mur de sa maison. Ce lieu de pèlerinage vaut bien le détour.

2   Cheese/Käse/Fromages

Androuët

37, rue de Verneuil
75007 Paris
Tel/Fax: +33 1 42 61 97 55
www.androuet.com
Métro: Rue du Bac

Seventh heaven for everyone who loves cheese – Androuët has an assortment of more than 200 different sorts, of which 80 per cent originate in France, and all of them are produced from raw milk. The family business was founded in 1909 and since then has inspired the Parisians with its extremely aromatic specialities. Nowadays there are six branches throughout the city and this one is especially good.

Ein echtes Paradies für alle, die Käse lieben – Androuët hat mehr als 200 verschiedene Sorten im Programm, die zu 80 Prozent aus Frankreich stammen und allesamt aus Rohmilch hergestellt sind. Das Familienunternehmen wurde 1909 gegründet und begeistert die Pariser seitdem mit seinen stark duftenden Köstlichkeiten: Verteilt über die ganze Stadt gibt es inzwischen sechs Filialen; diese hier ist besonders schön.

Un vrai paradis pour tous les amateurs de fromages. Androuët propose en effet plus de 200 sortes de fromages dont 80 pour cent viennent de France et qui sont tous fabriqués à base de lait cru. Fondée en 1909, l'entreprise familiale enthousiasme depuis cette époque les Parisiens avec ses produits à l'arôme puissant. Six filiales sont maintenant réparties dans Paris et celle-ci vaut le coup d'œil.

3   Café/Café/Café

Le Café des Lettres

53, rue de Verneuil
75007 Paris
Tel: +33 1 42 22 52 17
Métro: Rue du Bac

The Maison des Ecrivains has its premises here today, but originally the house was built for an officer of the musketeers and you can still feel the spirit of the legendary D'Artagnan. The pretty courtyard with original cobblestones is an ideal place for lunch. However, even inside you can find a cosy seat and enjoy the delicious, unpretentious food.

Heute befindet sich hier die Maison des Ecrivains, aber ursprünglich wurde das Gebäude für einen Offizier der Musketiere gebaut – man kann noch immer den Geist des berühmten D'Artagnan spüren. Der hübsche Innenhof mit altem Kopfsteinpflaster ist ein idealer Platz zum Mittagessen, doch auch innen sitzt man gemütlich und genießt das köstliche, unprätentiöse Essen.

Si ce bâtiment abrite aujourd'hui la Maison des Écrivains, il fut construit à l'origine pour un officier des mousquetaires et on a l'impression que D'Artagnan hante encore ces lieux. La jolie cour intérieure avec ses vieux pavés est l'endroit idéal pour le déjeuner de midi. Mais on est aussi assis confortablement à l'intérieur pour déguster des plats simples et délicieux.

4   Showroom/Showroom/Show-room

Christian Liaigre

42, rue du Bac
75007 Paris
Tel: +33 1 53 63 33 66
www.christian-liaigre.fr
Métro: Rue du Bac

Christian Liaigre invented the modern, classic-French living style and has been imitated by many designers since. He became famous through his design concept for the Hôtel Montalembert near his show room, as well as for André Balasz' Mercer Hotel in New York. He provides an excellent overview of his sofas, armchairs and tables of high-grade wood and material in non-colours in rue de Bac. A second shop has been opened at 61, rue de Varenne.

Christian Liaigre hat den modernen, klassisch-französischen Wohnstil erfunden und wird inzwischen von vielen Designern nachgeahmt. Berühmt wurde er mit der Gestaltung des Hôtel Montalembert, das sich ganz in der Nähe seines Showrooms befindet, und des New Yorker Mercer Hotels von André Balasz. In der rue de Bac gibt er einen guten Überblick über seine Sofas, Sessel und Tische aus edlen Hölzern und Materialien, die in Nicht-Farben gehalten sind. Einen zweiten Laden hat er in der 61, rue de Varenne eröffnet.

4

5

6

Créateur de l'habitat français, moderne et classique, Christian Liaigre a fait de nombreuses émules parmi les designers. Il est devenu célèbre avec l'aménagement de l'hôtel Montalembert, situé tout près de son show-room, et de l'hôtel Mercer à New York appartenant à André Balasz. À Paris, dans la rue du Bac, il présente un bon choix de canapés, fauteuils et tables fabriqués à partir d'essences et de matériaux nobles, dans des tons neutres. Il a ouvert un second magasin au 61, rue de Varenne.

---

5   Restaurant/Restaurant/Restaurant

Gaya Rive Gauche
44, rue du Bac
75007 Paris
Tel: +33 1 45 44 73 73
Métro: Rue du Bac

A fantastic, modern fish restaurant, typical for Paris. Classic fish dishes are on the menu, but the extras, such as oysters with foie gras, are also worth trying. The Gaya Rive Gauche is the perfect place to relax after a successful shopping spree – and to spend as much money once again as for the new shoes.

Ein fantastisches, modernes Fischrestaurant. Hier stehen klassische Fischgerichte auf der Karte, aber auch empfehlenswerte Extras wie Austern mit Foie Gras. Am besten erholt man sich im Gaya Rive Gauche nach einen erfolgreichen Shoppingtag – und gibt hier noch mal so viel Geld aus wie für die neuen Schuhe.

Un restaurant fantastique de poissons, moderne et typiquement parisien. On découvrira sur la carte aussi bien des plats classiques que des extras à recommander comme les huîtres au foie gras. L'idéal est de se détendre au « Gaya Rive Gauche » après une journée de shopping réussie. On y dépensera encore une fois ce qu'on a payé pour sa paire de chaussures neuves.

---

6   Cashmir/Kaschmir/Cachemire

Lucien Pellat-Finet
1, rue de Montalembert

75007 Paris
Tel: +33 1 42 22 22 77
www.lucienpellat-finet.com
Métro: Rue du Bac

Lucien Pellat-Finet is considered the "cashmere king" in fashion circles, but not in the classic sense. He designs up-to-date street wear in the expensive yarn with quite unfamiliar patterns – hemp leaves, skulls or designs by the Japanese artist Takashi Murakami. Pellat-Finet is no stranger to the Paris fashion business: His first prêt-à-porter collection was presented in the famous concept store Colette in 1997.

Lucien Pellat-Finet gilt in Modekreisen als der „Kaschmir-König" – aber nicht im klassischen Sinn. Er entwirft aus dem teuren Garn moderne Streetwear mit recht ungewohnten Motiven – Hanfblätter, Tötenköpfe oder Entwürfe des japanischen Künstlers Takashi Murakami. In der Pariser Modebranche ist Pellat-Finet kein Unbekannter: Seine erste Prêt-a-Porter-Kollektion wurde 1997 im berühmten Concept-Store Colette präsentiert.

Dans le milieu de la mode Lucien Pellat-Finet passe pour être le « roi du Cachemire », mais pas dans le sens classique du terme. Il crée avec cette laine de prix un streetwear moderne aux motifs assez inhabituels : feuilles de chanvre, têtes de mort ou dessins de l'artiste japonais Takashi Murakami. Pellat-Finet n'est pas un inconnu de la mode parisienne : sa première collection de prêt-à-porter a été présentée en 1997 dans le célèbre concept store « Colette ».

Personal Finds/Eigene Entdeckungen/
Découvertes personnelles:

Hôtel Duc de Saint-Simon

14, rue de St-Simon, 75007 Paris
☎ +33 1 44 39 20 20   📱 +33 1 45 48 68 25
duc.de.saint.simon@wanadoo.fr
www.hotelducdesaintsimon.com
Métro: Rue du Bac
Booking: www.great-escapes-hotels.com

Hôtel Duc de Saint-Simon

Hôtel Duc de Saint-Simon is romantic, luxurious and très français. Many American visitors stay here because the building looks exactly as traditional France is visualised in the New World. It surrounds an inner courtyard overgrown with wisteria, and you could almost believe you were in a green oasis outside of the city. And all that just around the corner from delightful rue Grenelle with its pretty shops, and not far from the Musée d'Orsay and Musée Rodin. Each guest can choose which decoration of the 34 rooms and suites he personally prefers: blue and white stripes, red and white stripes, or flowered, all very classic, all really comfortable. Should you wish to treat yourself to something really special, ask for a room with a terrace. Antiques for the interior decoration were sought and found throughout France. The bar has been set up in the atmospheric 17th-century basement vault.

Das Hôtel Duc de Saint-Simon ist romantisch, luxuriös und „très français". Hier wohnen viele amerikanische Gäste, denn das Haus ist einfach so, wie man sich das traditionelle Frankreich in der Neuen Welt vorstellt. Es liegt rund um einen Innenhof, der mit Glyzinen bewachsen ist und einen beinahe glauben lässt, in einer grünen Oase außerhalb der Stadt zu sein. Das Ganze um die Ecke der entzückenden rue Grenelle mit hübschen Geschäften und nicht weit vom Musée d'Orsay und Musée Rodin. Die Inneneinrichtung der 34 Zimmer und Suiten kann sich jeder Gast nach persönlichen Vorlieben aussuchen – blau-weiß oder rot-weiß gestreift oder geblümt –, aber alle sehr klassisch und wirklich komfortabel. Wer sich etwas Besonderes gönnen möchte, sollte nach einem Zimmer mit eigener Terrasse fragen. Für das Interieur wurden Antiquitäten aus ganz Frankreich besorgt. Die Bar ist in einem atmosphärischen Gewölbe aus dem 17. Jahrhundert untergebracht.

L'hôtel Duc de Saint-Simon est un hôtel romantique, luxueux et très français. De nombreux clients américains y résident car il correspond à leur idée de la France traditionnelle dans le Nouveau Monde. S'élevant autour d'une cour intérieure couverte de glycines, une véritable oasis de verdure en plein centre-ville, cet hôtel est situé au coin de la ravissante rue de Grenelle avec ses jolies boutiques et non loin des musées d'Orsay et Rodin. Suivant ses préférences, le client choisira la décoration de sa chambre – rayures bleues et blanches ou rouges et blanches ou à fleurs. Toutes les chambres sont très classiques et vraiment confortables. Si vous désirez une chambre exceptionnelle, vous demanderez celle avec terrasse. Pour la décoration, on a parcouru toute la France à la recherche d'antiquités. Le bar est situé dans une cave voûtée du 17e siècle.

Rates: Single and double rooms from 220 €, suites from 350 €, breakfast 15 €.
Rooms: 29 rooms and 5 suites.
Restaurants: Breakfast is taken in your room, in the bar or in the delightful courtyard by fine weather – the latter being without doubt the best choice.
History: The hotel was named after the French writer Duc de Saint-Simon and is furnished with elegance and loving attention to detail.

Preise: Einzel-/Doppelzimmer ab 220 €, Suite ab 350 €, Frühstück 15 €.
Zimmer: 29 Zimmer und 5 Suiten.
Restaurants: Zum Frühstück bleibt man auf dem Zimmer, geht in die Bar oder bei schönem Wetter in den traumhaften Innenhof – die dritte Möglichkeit ist ohne Zweifel die beste.
Geschichte: Das Hotel wurde nach dem französischen Schriftsteller Duc de Saint-Simon benannt und ist elegant sowie mit viel Liebe zum Detail eingerichtet.

Prix : Chambre simple/double à partir de 220 €, suite à partir de 350 €, petit-déjeuner 15 €.
Chambres : 29 chambres et 5 suites.
Restauration : Le petit-déjeuner se prend dans la chambre, au bar ou, quand il fait beau, dans la magnifique cour intérieure – cette dernière alternative étant de loin la meilleure.
Histoire : Portant le nom de l'écrivain le duc de Saint-Simon, l'hôtel est élégant et décoré avec l'amour du détail.